PICCOLO MANUALE DI FELICITÀ

Giorgio Luciani

Copyright © 2023 Giorgio Luciani

All rights reserved

The characters and events portrayed in this book are fictitious. Any similarity to real persons, living or dead, is coincidental and not intended by the author.

No part of this book may be reproduced, or stored in a retrieval system, or transmitted in any form or by any means, electronic, mechanical, photocopying, recording, or otherwise, without express written permission of the publisher.

ISBN-13: 9798395027337

Cover design by: Art Painter
Library of Congress Control Number: 2018675309
Printed in the United States of America

ad Alex, Zeno, Elio

L'amore è la chiave che apre tutte le porte

ZENO

CONTENTS

Title Page
Copyright
Dedication
Epigraph
1.   1
2.   14
3.   30
4.   40
5.   52
6.   66
7.   81
8.   94
9.   107

1.

Sei felice?

Lo so, è una domanda strana.

È così strana che normalmente non la facciamo mai e ci sentiamo un po' in imbarazzo quando qualcuno la fa a noi.

Quando incontriamo un amico gli chiediamo come sta, non se sia felice.

Eppure ogni giorno investiamo buona parte delle nostre energie per essere felici, dando in qualche modo per scontato che la felicità sia l'obiettivo di tutto, anche se magari non ce lo diciamo o non la chiamiamo col suo nome.

Cerchiamo il modo per diventare ricchi, non perché desideriamo la ricchezza in sé, ma perché pensiamo che la ricchezza ci porterà felicità.

Sogniamo l'amore della vita perché siamo convinti che da qualche parte del mondo ci sia qualcuno che ci renderà felici.

Quando pianifichiamo le vacanze, lo facciamo pensando che potremo fare delle belle esperienze, conoscere posti nuovi o nuove persone, o rilassarci: in ogni caso, perché da qualche parte nella nostra mente c'è il pensiero che questo ci renderà felici.

Anche quando ci preoccupiamo degli altri e cerchiamo di farli stare meglio, lo facciamo perché vogliamo vederli felici e, in fondo, perché questo ci rende felici.

Eppure il concetto di felicità rimane un tabù.

Chiedere a qualcuno se sia felice è un po' come chiedergli se va in bagno regolarmente.

Non ci permettiamo di farlo perché la felicità è considerata una dimensione troppo intima per poter essere discussa e condivisa, così intima che magari non ci siamo neanche mai messi a discutere con nessuno, o a riflettere noi stessi, su cosa sia davvero esattamente questa felicità.

Magari ci siamo convinti che sia un concetto troppo astratto e che nella realtà non esista, o che sia un'emozione incontrollabile che va e viene a tratti nella vita se siamo fortunati, oppure prendiamo per buona una definizione molto vaga in cui la associamo a sensazioni positive come l'essere rilassati, o divertiti, o innamorati o a sensazioni fisiche piacevoli.

Però c'è una domanda cui tutti risponderebbero univocamente:

Tu vorresti essere felice?

Indipendentemente dalla tua personale definizione di felicità, sono certo che hai risposto di sì.

Sono certo anzi che chiunque risponderebbe lo stesso.

Quella che invece è probabilmente diversa in ciascuno di noi è la risposta a quest'altra domanda:

Che cosa pensi che ti renderà felice?

La questione quindi non è se vuoi essere felice, ma cosa intendi per felicità e cosa pensi che ti serva per raggiungerla.

Ovviamente prima ancora di cercare di capire come raggiungere un obiettivo, val la pena fermarti un attimo a riflettere su cosa esso sia esattamente.

Quindi la prima domanda che ti faccio è:

Che cos'è per te la felicità?

Ti invito qui a fermarti a riflettere, prima di proseguire, e a provare a dare la tua personale definizione di felicità.

Per qualcuno la felicità è la serenità, l'assenza di preoccupazioni e di dolore.

Per altri è il piacere fisico, o il senso di soddisfazione per aver raggiunto un obiettivo, o l'allegria, o l'amore.

La verità è che non esiste una definizione univoca e la felicità è un insieme di diverse emozioni diverse.

Secondo la psicologia positiva, ovvero il ramo della psicologia che negli ultimi decenni si è dedicato allo studio dello sviluppo umano positivo e al benessere personale, per felicità possiamo intendere la presenza di emozioni positive come la gioia, la gratitudine, la speranza e il senso che la propria vita sia bella, significativa e degna di essere vissuta.

La mia personale definizione è sostanzialmente la stessa, ma non è sempre stato così.

Non ricordo esattamente quale fosse la mia idea di felicità quando ero bambino, né durante l'adolescenza o la prima età adulta.

Non ricordo neanche in realtà se ne avessi una, se mi fossi mai fermato a riflettere più di tanto sul concetto di felicità.

Quello che è certo è che a un certo punto della mia vita mi sono ritrovato ad essere così felice da dover dare una definizione all'emozione che stavo provando e da allora la mia vita è profondamente cambiata.

Fino ad allora probabilmente mi ero limitato a prendere per buona la definizione che altri avevano dato per me: i miei genitori, le persone con cui parlavo, la televisione, la pubblicità, i libri che leggevo.

Perché il fatto è che finché non ti fermi a riflettere su cosa sia per te davvero la felicità, stai semplicemente accettando quella che altri hanno dato per te.

Il problema però è che quella definizione non è necessariamente corretta, anzi è molto improbabile che lo sia, perché siamo tutti diversi e quella non è una definizione della tua felicità, ma quella di qualcun altro.

E molto spesso purtroppo quella definizione non è neanche il frutto di una riflessione o di una analisi, quanto piuttosto una eredità che si tramanda di generazione in generazione ed è spesso molto confusa.

Ma perché dovresti fermarti a riflettere sulla tua personale definizione di felicità, invece di accettare quella che ti hanno insegnato?

Perché la tua definizione di felicità rappresenta, se pur a livello inconscio, l'obiettivo di tutto quello che fai e da essa dipende anche la risposta alla domanda:

Che cosa ti rende felice?

Se non sai rispondere a questa domanda o se sbagli la risposta, potresti ritrovarti a inseguire tutta la vita una felicità che non arriverà mai.

Se stai prendendo per buona la risposta che ti hanno insegnato, ma non sei felice o comunque non sei più felice ogni giorno che passa, molto probabilmente quella risposta è semplicemente sbagliata.

Se invece ti senti profondamente felice, allora il mio invito è di chiudere questo libro che stai leggendo e di tornare a goderti la vita, che è preziosissima e bellissima.

Altrimenti prova a seguirmi, cercherò in queste pagine di darti una chiave di lettura che spero potrà aiutarti a trovare la tua felicità.

Prima di tutto ti invito a prendere un foglio di carta e una penna e a rispondere per iscritto a questa domanda:

Pensa a cinque momenti della tua vita in cui ti sei sentita, o sentito, profondamente felice. Cosa stavi facendo in quel momento?

Adesso ti invito a rileggerli e a riflettere su quali emozioni stessi provando in quel momento e perché ti abbiano fatto sentire felice.

La cosa interessante da notare è che se ti avessi chiesto di elencare cinque cose che ti renderanno felice, probabilmente la risposta sarebbe stata molto diversa.

Questo perché nella nostra mente la via per la felicità è costituita da cose che non abbiamo ancora sperimentato e che pensiamo che siano la chiave per la felicità, ignorando però il fatto che abbiamo avuto momenti felici nella nostra vita in cui invece avevamo o facevamo tutt'altro.

Penso abbia senso, a questo punto, raccontarti qualcosa di me e di cosa avrei risposto a quest'ultima domanda.

Come ti dicevo un giorno mi sono ritrovato a provare una felicità così piena e totale da doverne in pratica dare una nuova definizione.

Mi trovavo all'estero per lavoro, a Tallinn, in Estonia.

Era sabato e avevo trascorso lì la settimana, era arrivato il momento di tornare in Italia, ma per comodità avevo scelto un volo diretto che sarebbe però partito la domenica, per cui avevo deciso di prendermi mezza giornata di riposo per passeggiare per Tallinn, una città che adoro, e godermi il sole e l'aria fresca di giugno.

Dopo un lungo giro in centro ero andato in spiaggia e mi ero seduto su una roccia a pochi metri dal mare.

Intorno a me non c'era nessuno e l'unica compagnia era un gabbiano che volava di fronte a me.

Mi rilassai un po' osservando il mare, ma ben presto iniziai a pensare al lavoro, a tutte le cose che volevo provare a fare, ai piani di sviluppo che avevo pianificato, alle conversazioni che avevo avuto in ufficio e così via.

Qualche mese prima però avevo iniziato la pratica della meditazione.

Avevo cominciato un po' per gioco e curiosità, un po' forse per necessità.

Mi ero accorto infatti che non ero felice e che c'era qualcosa dentro di me che, oltre a impedirmi di godere il bello della vita, mi sabotava anche, impedendomi di realizzare liberamente quello che desideravo, che all'epoca era un progetto extra lavorativo, una start-up cui stavo dedicando le mie serate e i miei fine settimana.

Su suggerimento di un caro amico, oltre che ottimo psicoterapeuta, avevo letto un libro che mi aveva consigliato: "il dramma del bambino dotato e la ricerca del vero se" di Alice Miller.

La cosa curiosa, almeno per me, è che questo processo di presa di coscienza che qualcosa non andasse era completamente inconscio, cioè non ero arrivato a pensare che qualcosa non andasse e che avessi bisogno di un libro di psicologia, semplicemente mi ero sentito incuriosito dalla psicologia e avevo chiesto al mio amico di suggerirmi un qualunque libro sull'argomento.

Allo stesso tempo, sempre mosso da curiosità, su consiglio di un collega avevo scaricato l'applicazione per smartphone "Headspace" per provare a meditare.

Questo mio interesse in realtà, mi resi conto solo dopo, veniva molto da lontano: dall'età di sei anni infatti ho sempre praticato costantemente karate tradizionale, un' arte marziale fortemente legata alla cultura zen e che ti offre, al di là della tecnica e dell'allenamento fisico, una via verso la serenità e la felicità basata sull'autocontrollo e sulla capacità di essere pienamente presenti in ogni istante della vita; in pratica, una forma di meditazione.

Ma torniamo a quel pomeriggio di giugno a Tallinn.

Grazie alla pratica e all'allenamento quotidiano di meditazione dell'ultimo periodo, mi accorsi di essermi immerso nei miei pensieri e pensai che fosse un peccato, perché ero sul mare, c'era un bellissimo clima, avevo passato la settimana a lavorare, analizzare e progettare e non avevo davvero bisogno in quel momento di continuare a farlo.

In fondo, non c'era nulla di urgente cui pensare, per cui decisi di meditare un po', ovvero semplicemente abbandonare i miei pensieri e di immergermi invece nella realtà.

Mi concentrai prima di tutto sulle sensazioni fisiche che stavo provando: l'aria che entrava ed usciva attraverso le mie narici, la pancia ed il petto che si gonfiavano e si sgonfiavano ad ogni respiro, la sensazione di calore sulla pelle illuminata dal sole, che si alternava alla sensazione di fresco della brezza che, in maniera irregolare, la accarezzava.

Poi, continuando comunque ad ascoltare le sensazioni del mio corpo, mi guardai attorno.

Osservai il mare e le onde, le piante intorno a me e il gabbiano che, mi accorsi, era impegnato a cercare del cibo: si lasciava trascinare dalla brezza per una ventina di metri osservando attentamente l'acqua, poi risaliva contro vento al punto iniziale, per poi farsi trascinare ancora, e ogni tanto si tuffava in acqua.

Continuavo a percepire ogni mio respiro, anzi, ogni singola sensazione che faceva parte di ogni singolo respiro, osservavo il gabbiano di fronte a me e mi resi conto che anche lui stava respirando e che non era semplicemente un gabbiano, era quello specifico gabbiano, un essere vivente unico che stava condividendo quello specifico momento con me.

Mi accorsi che intorno a me c'erano tantissimi altri esseri viventi che, come me, stavano respirando in quel momento: piante, insetti, pesci.

Ognuno di loro era un essere vivente unico, diverso da tutti gli altri, stava respirando e stava condividendo quell'istante unico ed irripetibile con me.

Immergendomi nella realtà del momento, fuori dai miei pensieri, mi accorsi che il confine tra me e il resto del mondo era molto sottile e più lo cercavo, più scompariva: mi resi conto che quel confine in realtà esisteva solo nei miei pensieri e che nella realtà non c'era nulla che mi separasse, o mi distinguesse, da quel gabbiano, dall'aria che percepivo sulla pelle, dalle piante intorno a me, dall'insetto che in quel momento stava camminando sul mio braccio.

Eravamo tutti parte della stessa materia ed energia in costante movimento, eravamo manifestazioni della stessa vita.

In qualche modo, la mia definizione di io si era allargata a comprendere tutto il mondo intorno a me.

In fondo nulla mi distingueva da quel gabbiano, da quegli insetti, da quelle piante ed io ero quindi quel gabbiano, ero il mare di fronte a me, ero il sole che mi scaldava, ero le onde, ero i pesci che nuotavano.

All'improvviso mi sentii incredibilmente fortunato e grato di poter vivere quel momento, mi sentii, per la prima volta in vita mia, profondamente felice, per il semplice fatto di essere parte di tutta quella incredibile bellezza.

Tutta quella vita era un miracolo, ed io ero parte di quel miracolo.

Fu così che mi ritrovai a dover dare una nuova definizione di felicità e a riflettere su tutto quello che fino a quel giorno avevo dato per scontato.

Perché a quel punto non era possibile ignorare la risposta all'ultima domanda:

Cosa stavi facendo l'ultima volta che ti sei sentito profondamente felice?

Cosa stavo facendo io?

Semplicemente nulla, non stavo facendo assolutamente niente, stavo semplicemente respirando e osservando la realtà.

Quello che più mi colpì però di questa risposta in fondo un po' banale, era la risposta alla domanda inversa.

Cosa non stavo facendo l'ultima volta che mi ero sentito

profondamente felice?

Non stavo provando piacere fisico: non stavo facendo l'amore, non stavo mangiando cibo particolarmente buono, non stavo bevendo alcool.

Non avevo raggiunto alcun obiettivo: non avevo vinto una gara, non avevo dimostrato nulla sul lavoro, non avevo ottenuto stima o riconoscimento di nessuno.

Non avevo guadagnato nulla, non avevo più denaro di prima, non possedevo nulla: non avevo comprato niente, non stavo usando nessun oggetto costoso o lussuoso, in generale non avevo in quel momento alcun oggetto, se non i miei vestiti (ed ero certo che avrei potuto essere nudo e non sarebbe cambiato nulla).

Non mi trovavo in nessun luogo particolare: non stavo visitando paesi lontani, non ero in viaggio, non stavo ammirando fenomeni o bellezze fuori dall'ordinario, mi ero semplicemente accorto dell'incredibile bellezza dell'ordinario.

Non avevo trovato l'amore della vita, la compagna che mi completasse e che desse un senso a tutto.

Ero sgomento: che senso aveva allora faticare tanto per rincorrere ed ottenere soddisfazioni, riconoscimento, denaro, piacere, amore, scoperte, se tutto quello di cui avevo bisogno per essere felice era sempre stato lì, a portata di mano?

E perché nonostante nella vita avessi già ottenuto soddisfazioni, riconoscimenti, denaro, piacere, amore e scoperte, non mi erano mai bastati per sentirmi felice come mi stavo sentendo ora?

Come era possibile che non me ne fossi mai accorto? Come era possibile che ogni volta che raggiungevo un obiettivo che mi ero dato, pur non trovandoci la felicità, me ne davo un altro convinto che quello si, in fondo, mi avrebbe reso felice?

Perché continuavo a prendermi in giro in quel modo?

E più in generale: che senso avevano le guerre, la sofferenza, i conflitti fra le persone, tutto il dolore che ogni giorno veniva generato dagli essere umani, se in fondo era possibile essere totalmente e pienamente felici semplicemente fermandosi ad osservare la vita?

Quanta sofferenza veniva ogni giorno generata senza alcun senso, solo per possedere di più o per sentirsi riconosciuti, nell'illusione che quello avrebbe portato la felicità?

E se essere felici è così facile, così come fermarsi a respirare, perché la felicità è così rara? Perché non siamo tutti pienamente felici? Cosa ci impedisce di esserlo?

Le domande a questo punto erano tante e così importanti da non poterle ignorare, ma al momento non avevo proprio le risposte.

Mi accorsi però ben presto che ce n'era anche un'altra che meritava una riflessione: dopo una mezz'ora seduto sullo scoglio mi riavviai verso l'albergo e mi accorsi ben presto che le emozioni che stavo provando erano ben diverse da prima.

Continuavo a pensare a quello che era successo, al mio passato e al mio futuro. Mi chiedevo il senso di tutta la sofferenza che avevo provato, ripensavo ai tanti episodi della mia vita in cui ero stato così inutilmente male e mi sentivo a tratti vittima degli altri, a tratti stupido io stesso.

Più ci pensavo, più mi sentivo lontano dalle bellissime sensazioni che avevo provato poco prima e dopo qualche minuto mi accorsi che non ero per nulla felice.

Decisi quindi di fermarmi di nuovo a meditare per ritrovare la pace, la serenità e quel senso di profonda felicità che avevo provato pochi minuti prima.

Mi accorsi però con stupore che non ci riuscivo.

Anzi più ci provavo, più diventava difficile: cercavo di zittire la mia mente e di reprimere tutti quei pensieri negativi che invece sembravano rafforzarsi coi miei tentativi e che mi colpivano a ondate sempre più violente.

Più cercavo di calmarmi, più mi agitavo e mi sentivo frustrato e arrabbiato con me stesso.

Perché stava succedendo? Mi ero illuso pochi minuti prima? Perché non riuscivo più ad essere felice, pur avendo trovato quella che pensavo essere la chiave della felicità?

Per capire cose fosse successo quel giorno e per trovare risposta a tutte quelle domande mi ci sono volute tante, tantissime ore passate su un cuscino di meditazione ad osservare la mia mente, i suoi meccanismi, a vederne le possibilità ma anche e sopra tutto i limiti.

Oggi sono convinto che la risposta sia tutta lì, nella consapevolezza: consapevolezza di come funziona la tua mente, di cosa siano le tue emozioni, i tuoi pensieri, di cosa sia la realtà o, meglio, di cosa non sia la realtà.

Solo nella consapevolezza puoi trovare la libertà e nella libertà puoi trovare la felicità.

Quella felicità è il più grande regalo che puoi farti nella vita, ma la tua felicità è anche il regalo più grande che puoi fare alle persone cui vuoi bene e più in generale a tutto il mondo.

Occuparti della tua personale felicità potrebbe sembrare un gesto egoistico: potresti infatti cercare invece di rendere gli altri felici, di farli stare bene, di occuparti dei problemi del mondo.

Fino a qualche anno fa lo pensavo anche io.

Poi più osservavo la mia mente meditando, più mi accorgevo di quanto i miei pensieri e le mie azioni fossero diretta conseguenza del mio stato d'animo.

Quando ero felice e stavo bene, la mia mente era automaticamente portata ad augurare e desiderare il bene alle altre persone e a tutti gli esseri viventi della terra.

Ero grato per quello che avevo, mi sentivo fortunato, e desideravo sinceramente aiutare qualunque altro essere vivente a stare bene e ad essere felice.

Quando invece mi sentivo ferito o spaventato, pensavo di avere subito un torto o una ingiustizia, o non ero soddisfatto di come stavano andando le cose, la mia mente generava automaticamente pensieri aggressivi verso gli altri.

Mi arrabbiavo facilmente con gli altri, reagivo in maniera aggressiva, cercavo di risolvere i "miei" problemi e facevo molta fatica ad aiutare chi mi stava vicino.

Meditando ho imparato che rabbia e aggressività sono semplicemente conseguenza della sofferenza e oggi sono convinto che se tutti imparassimo ad amare noi stessi in maniera incondizionata e ad essere veramente felici, avremmo probabilmente risolto i problemi del mondo.

Hai mai visto qualcuno profondamente felice e in pace con se stesso, grato per quello che ha, fare del male a qualcun altro?

2.

Se la via per la felicità è una via di consapevolezza, penso abbia senso per prima cosa fermarci a riflettere su chi siamo noi in quanto esseri umani e da dove veniamo.

Riuscire a capire perché facciamo quello che facciamo e che motivazioni ci siano dietro i nostri istinti è infatti un punto di partenza fondamentale per imparare ad accettare i nostri comportamenti e quindi a cambiarli.

Siamo spesso cresciuti con l'idea che siamo sbagliati, o che almeno una parte di noi lo sia, e che quindi il nostro compito è di combattere e superare quelli che consideriamo i nostri difetti e le nostre debolezze.

Ci hanno insegnato ad esempio che la pigrizia è sbagliata, che se non raggiungiamo i nostri obiettivi è solo perché siamo deboli e ci manca autocontrollo e determinazione, che spesso dovremmo vergognarci dei nostri istinti e dei nostri desideri.

Ma tutto questo non è vero e pensarlo ci fa solo del male, impedendoci di capire, di accettare e quindi di cambiare.

Inoltre giudicare e considerare sbagliate le nostre emozioni e i meccanismi della nostra mente è semplicemente frutto di ignoranza, perché in realtà ogni singolo pensiero che ti gira nella mente, ogni singola emozione hanno il loro motivo di essere, anche se a volte ci sfugge.

Prendere coscienza di quel motivo è fondamentale per iniziare a capire te stesso, per smettere di combattere contro tutto quello che pensi sia sbagliato dentro di te, per trovare un po' di pace e per poter finalmente cambiare le cose.

Per cui indipendentemente dal tuo credo, da cosa che pensi sia l'essere umano, ti chiedo la pazienza di seguirmi nelle prossime pagine per riflettere brevemente insieme sulla storia evolutiva dell'essere umano, su come l'animale uomo sia diventato quello che è diventato, almeno secondo la scienza.

I paleoantropologi ci dicono che il genere umano è comparso sulla terra circa due milioni di anni fa, con la specie dell'homo abilis, ma è solo fra i duecentomila e i trecentomila anni fa che la nostra attuale specie, l'homo sapiens, è apparsa sulla scena.

Sappiamo anche che il nostro dna, il nostro codice genetico, non è cambiato negli ultimi diecimila anni, che sono in fondo un periodo troppo breve se confrontato con i milioni di anni precedenti.

In pratica, se prendi un neonato di oggi e lo confronti con un neonato di diecimila anni fa, non vedrai alcuna differenza e non sarai in grado di distinguerli.

Questo significa che dal punto di vista evolutivo l'essere umano è progettato per vivere nell'ambiente di diecimila anni fa, un ambiente completamente diverso da quello in cui ci troviamo oggi.

Diecimila anni fa vivevamo ancora nell'età della pietra, così chiamata perché gli unici strumenti che avevamo a disposizione erano appunto fatti di pietra, e avremmo dovuto attendere ancora cinquemila anni prima di imparare a utilizzare i metalli.

All'epoca stavamo iniziando a coltivare la terra e a creare i primi villaggi e la nostra vita quotidiana, le nostre sfide, erano completamente diverse da quelle che ci troviamo ad affrontare oggi.

Ogni giorno ci trovavamo a lottare per sopravvivere, cercando di non essere uccisi da altri animali o da altri esseri umani e allo stesso tempo cercando di trovare del cibo per non morire di fame.

Oggi la nostra vita è completamente diversa perché l'ambiente intorno a noi è completamente diverso, ma noi siamo sostanzialmente gli stessi esseri viventi dell'età della pietra.

Indubbiamente la nostra capacità di adattamento ci ha portati a sentirci a nostro agio nell'ambiente che abbiamo costruito, tanto da pensare di esserci evoluti con esso, ma la struttura della nostra mente non è cambiata poi molto e le nostre reazioni sono rimaste le stesse anche se sono cambiate le circostanze e gli stimoli esterni.

Normalmente non dobbiamo più lottare quotidianamente per non essere uccisi e mangiati da altri animali, ma continuiamo a mantenere lo stesso stato di allerta e abbiamo spesso le stesse reazioni di fuga o aggressione quando pensiamo che qualcosa ci metta in pericolo.

Se ti ricordi di osservare i comportamenti tuoi e delle altre persone sotto questo punto di vista, ti accorgerai di quanto trovino in fondo giustificazione in un ambiente completamente diverso da quello attuale.

E quando inizi ad accorgerti che spesso quello che pensi e quello che provi non è causato dalle circostanze ma dal tuo patrimonio genetico, da come è evolutivamente progettata la tua mente, inizi a vedere i tuoi pensieri e le tue azioni sotto una luce diversa e a prenderne le distanze.

Ti accorgi ad esempio che il motivo per cui magari hai difficoltà ad avere una alimentazione sana è semplicemente che sei naturalmente portata o portato a mangiare cibi che oggi sono molto dannosi, ma nel contesto di diecimila anni fa erano invece il miglior modo per sopravvivere: i cibi grassi e gli zuccheri rappresentavano per i nostri antenati la migliore fonte di calorie che potessero trovare e il miglior modo per sopravvivere alla fame.

All'epoca infatti la principale fonte di zuccheri era la frutta, che era comunque rara e che costituiva una preziosissima fonte di energia.

Per questo il nostro cervello si è evoluto nel tempo per spingerci in tutti i modi a mangiare zuccheri: quando ingeriamo un cibo dolce alcune strutture cerebrali, dette "sistema di ricompensa", rilasciano dopamina, un neurotrasmettitore che, nella pratica, ci fa provare piacere fisico.

Quella sensazione di piacere è il motivo per cui è così difficile metterti a dieta.

Purtroppo è anche il motivo per cui l'alimentazione scorretta è una delle principali cause di morte nel mondo occidentale.

Il fatto è che oggi abbiamo accesso praticamente illimitato a zuccheri e grassi, ma una parte del nostro cervello, il sistema di ricompensa, non lo sa, perché non ha avuto abbastanza tempo per evolversi.

Chi conosce invece molto bene questo meccanismo è l'industria alimentare, che lo utilizza normalmente per produrre cibi che risultino per noi irresistibili.

Non è un caso che lo zucchero venga utilizzato come ingrediente in tantissimi cibi anche non dichiaratamente dolci, come sughi, snack salati e carne: l'obiettivo è quello di raggiungere il cosiddetto "bliss point", ovvero la combinazione perfetta di grasso, zucchero e sale che ti rende irresistibile il prodotto, massimizzando la risposta del tuo sistema di ricompensa.

L'obiettivo non è semplicemente che quel cibo ti piaccia, ma che ne diventi in qualche modo dipendente.

Il sistema di ricompensa è infatti la stessa area cerebrale attivata dall'uso di droghe e alcool e più mangi un determinato cibo, più tendi ad abituartici e meno ricompensa, in termini di endorfine, riceverai dal tuo cervello, spingendoti ad ingerirne sempre di più.

Generalizzando il concetto, il piacere fisico è uno dei due strumenti principali tramite i quali la vita preserva se stessa, spingendoci e forzandoci a fare tutto quello che è necessario, o è stato necessario nelle migliaia di anni di evoluzione alle nostre spalle, per sopravvivere e per riprodurci.

Se accettiamo la teoria dell'evoluzione e della genetica, la spiegazione è molto semplice: immagina una famiglia composta da due adulti e due bambini di qualche decina di millenni di anni fa.

I figli hanno in parte ereditato le caratteristiche dei genitori e ad esempio se i genitori sono molto alti i figli tenderanno a essere più alti della media.

Però ogni figlio ha comunque delle caratteristiche personali, delle variazioni che possiamo considerare casuali, quindi uno dei due figli sarà comunque più alto dell'altro.

Tornando all'esempio degli zuccheri, uno dei due figli sarà più attratto dai cibi dolci rispetto al fratello e avrà quindi meno probabilità di morire di fame, avendo di conseguenza maggiore probabilità di vivere a lungo e di avere dei figli a sua volta, i quali erediteranno, magari in piccola parte, un po' della sua attrazione per i dolci, così come erediteranno un po' della sua altezza.

Ripetendo questo meccanismo generazione dopo generazione, dopo qualche centinaio di migliaia di anni una buona parte della popolazione umana proverà un piacere molto forte mangiando dolci, fino a svilupparne una dipendenza.

Allo stesso modo il piacere e il desiderio sessuali sono lo strumento tanto semplice quanto potente che ha la vita per preservare se stessa oltre i limiti del singolo individuo, spingendoci a riprodurci.

Tornando al caso dei due fratelli, uno dei due probabilmente proverà maggiore piacere nell'attività sessuale e ne sarà più attratto, e sarà quindi molto più portato a riprodursi e ad avere figli e, come nel caso dell'altezza e della dipendenza da zuccheri, passerà una parte di questa attitudine anche ai propri figli.

Anche in questo caso, il piacere è parte importante del meccanismo biologico che ci spinge a compiere le azioni che l'evoluzione ci ha in qualche modo programmato a fare e anche in questo caso è coinvolto il sistema di ricompensa, che durante l'atto sessuale rilascia endorfine e dopamina, un altro neurotrasmettitore mediatore del piacere.

Ma endorfine e dopamina in realtà non sono gli unici

neurotrasmettitori che ci guidano nei nostri comportamenti.

Ad esempio anche quando ti innamori di qualcuno sei travolta o travolto da tanti diversi ormoni che guidano le tue emozioni e il tuo comportamento: dopamina, noradrenalina, feniletilamina, ossitocina, vasopressina, endorfine.

L'amore in pratica ha la sua chimica, che guida e scandisce le varie fasi del suo sviluppo che, anche in questo caso, può trovare spiegazione in ottica evolutiva.

Ad esempio si dice spesso che l'amore duri tre anni ed è vero che tantissime coppie non arrivano insieme al quarto anno. Questo succede perché gli ormoni coinvolti nella fase iniziale dell'innamoramento, quella più passionale, quella in cui senti di avere bisogno dell'altra persona, dopo tre anni tendono a diminuire fino a quasi scomparire.

Anche questo meccanismo trova una spiegazione dal punto di vista evoluzionistico: tre anni è infatti il periodo necessario a una coppia per mettere al mondo un altro essere umano e per seguirlo fino allo svezzamento, ed è fondamentale per la sua sopravvivenza che durante quei tre anni i genitori siano profondamente uniti.

Il che ovviamente non vuol dire che l'amore duri solo tre anni, ma che quando si confonde l'amore con la passione dell'innamoramento, dopo tre anni è molto probabile che la coppia sia in crisi e non trovi motivi per rimanere unita.

Ma se è il piacere a spingerci a fare cose che possono aiutare noi o la nostra specie a sopravvivere, il secondo strumento fondamentale che ha la vita per preservare se stessa è il dolore, che serve invece a impedirci di fare cose che possano danneggiarci o ucciderci.

Se non ci buttiamo nel fuoco, se stiamo attenti quando attraversiamo la strada, è solo perché non vogliamo farci del male, ovvero perché non vogliamo provare dolore.

Ma se ci pensi bene anche la pigrizia non è altro che un meccanismo molto naturale che la nostra mente mette in atto per proteggerci dal dolore, ovvero da una sensazione fisica che percepiamo come negativa.

In un ambiente in cui la sopravvivenza richiede molta energia per procurarti il cibo, per difenderti o fuggire da aggressioni, è fondamentale risparmiarne quanta più possibile ed è quindi importante che la tua mente ti eviti qualunque fatica non strettamente necessaria.

Per cui è naturale, dopo che hai fatto un'intensa attività fisica, che i muscoli ti facciano male: è il modo che ha la vita per spingerti a riposarti, a recuperare energie e a lasciare che il tuo corpo si rigeneri.

Ed è questo il motivo per cui è così difficile andare ad allenarti e per cui, secondo uno studio americano, il sessantasette per cento degli abbonamenti in palestra non verrebbe praticamente mai utilizzato.

Il fatto è che la fatica è normalmente legata a una sensazione fisica negativa, perché l'evoluzione ci ha insegnato che meno riusciamo a farne, maggiori probabilità abbiamo di sopravvivere.

In fondo, la pigrizia non è altro che l'istinto a ridurre al minimo attività che non sono assolutamente necessarie, per risparmiare energia preziosa che può servirti per sopravvivere.

Per cui è assolutamente naturale prendere l'automobile per andare a comprare il latte, oppure un motorino, o un monopattino elettrico, o un autobus, piuttosto che camminare o prendere una bicicletta.

Purtroppo però questo è anche il motivo per cui la sedentarietà uccide, secondo alcuni recenti studi, circa cinque milioni di persone all'anno.

Anche quando procrastiniamo, quando cioè continuiamo a rimandare un'attività che dobbiamo fare o un progetto che vogliamo realizzare, lo facciamo perché la nostra mente sta cercando di proteggerci da qualcosa che percepisce come doloroso o comunque non piacevole.

Perché in realtà in fondo dire che le sensazioni fisiche come il dolore e il piacere siano il motivo per cui facciamo qualcosa oppure no, non è esatto.

Se ti osservi attentamente ti accorgerai che buona parte delle tue azioni sono guidate dall'anticipazione di quelle sensazioni.

Non ti butti in mezzo al fuoco perché provi dolore, ma perché la tua mente ti dice che se lo fai, allora proverai dolore. Non metti in bocca una fetta di torta perché provi piacere a farlo, ma perché la tua mente ti dice che se lo farai, allora proverai piacere.

È questo ad esempio il motivo per cui il gioco d'azzardo può dare una dipendenza molto forte.

E' stato infatti dimostrato che il rilascio di dopamina nel nostro cervello non avviene solo quando svolgiamo un'attività piacevole, ma anche quando stiamo per svolgerla.

E questo è tanto più vero quanto più il risultato di quell'azione è incerto, forse perché più è difficile una attività, più abbiamo bisogno che il nostro cervello ci incoraggi.

È il motivo per cui compriamo il biglietto della lotteria, pur avendo statisticamente bassissime probabilità, quasi nulle in realtà, di vincita; ma è proprio questo il meccanismo alla base del gioco d'azzardo: un'altissima ricompensa e una bassissima probabilità di vincita.

Il motivo per cui compri il biglietto della lotteria è che nell'esatto momento in cui lo fai il tuo cervello genera un'immagine di te stesso col biglietto vincente in mano, ricco e felice, e in quel momento provi piacere fisico.

Lo stesso esatto meccanismo si verifica ogni volta che utilizzi un social media come facebook o instagram o un videogioco sul tuo cellulare.

Tutte queste piattaforme online sono progettate per generare quanta più dipendenza possibile, con lo scopo ovviamente di fartele utilizzare il più a lungo possibile e quindi di mostrarti quanta più pubblicità possibile: è ormai noto che queste società impiegano infatti interi dipartimenti di psicologi e ingegneri che studiano quotidianamente il modo per aumentare la dipendenza dai loro prodotti.

Per farlo implementano esattamente lo stesso meccanismo del gioco d'azzardo; aggiornare la pagina di un social network funziona infatti come tirare la leva di una slot machine: hai l'incertezza di quello che vedrai, spesso non ci troverai nulla di interessante ma qualche volta avrai invece una gratificazione, come dei like o dei commenti ad una tua foto, o un contenuto che ti provocherà in qualche modo piacere.

Questo meccanismo, apparentemente molto semplice, è in realtà potentissimo ed è il motivo per cui è facile vedere sulla metropolitana decine di persone, spesso quasi l'intero vagone, col cellulare in mano e lo sguardo fisso sullo schermo.

È stato infatti dimostrato che l'utilizzo dei social media porta a una vera e propria dipendenza, che attiva nel cervello le stesse aree della cocaina e che, come la cocaina, modifica la struttura del cervello rendendolo più soggetto a depressione e ansia.

Allo stesso modo è l'anticipazione del dolore, non il dolore stesso, a tenerci lontani da azioni che percepiamo come pericolose, e anche in questo caso il nostro cervello funziona in maniera analoga.

Nel momento in cui pensiamo a una azione o a un possibile avvenimento futuro, proviamo una sensazione fisica spiacevole, tanto più forte quanto più doloroso ci immaginiamo l'evento, indipendentemente dalla sua probabilità. Anzi, così come per gli eventi piacevoli, spesso quanto più è improbabile un evento, tanto più ci fa paura.

Ad esempio abbiamo spesso più paura di prendere un aereo piuttosto che prendere l'auto per raggiungere l'aeroporto, quando in realtà statisticamente quest'ultimo è il tratto più pericoloso del viaggio.

Abbiamo paura di attentati terroristici ma non di accendere una sigaretta o di scivolare in bagno, che in realtà statisticamente sono attività infinitamente più pericolose.

Questo succede perché il nostro cervello non è poi molto razionale quando si tratta di analizzare situazioni e ciò è dovuto al fatto che è composto da aree che riflettono la nostra storia evolutiva.

Secondo uno dei modelli più noti che descrivono la struttura del nostro cervello, si possono infatti identificare tre aree principali: il cervello rettiliano, il cervello limbico e la neocorteccia.

Il cervello rettiliano è la parte più antica del nostro cervello. Si è sviluppato circa quattrocento milioni di anni fa ed è composto dalle principali strutture che si trovano anche nel cervello dei rettili.

E' situato nella parte più interna e alla base del cervello, subito sopra la colonna vertebrale, e controlla le funzioni più di base come il battito del cuore, la temperatura del corpo, la pressione sanguigna, il respiro e l'equilibrio.

Il cervello limbico, altrimenti detto mammifero, si è sviluppato circa duecentocinquanta milioni di anni fa con la nascita dei primi mammiferi. Tiene traccia del ricordo delle azioni che hanno prodotto emozioni piacevoli o spiacevoli ed è quindi responsabile di tutte le nostre emozioni.

E' grazie a lui se ci innamoriamo ed è la sede del piacere e del sistema di ricompensa di cui abbiamo parlato prima.

Infine la neocorteccia è la parte del cervello più recente ed evoluta, è divisa in aree dedicate al controllo di specifiche funzioni e di processare le informazioni che arrivano dai nostri sensi.

È la parte in cui si sviluppano i pensieri e che ci consente di pensare, pianificare, risolvere problemi, controllare noi stessi, prendere decisioni e parlare.

La parte più evoluta della neocorteccia, la corteccia prefrontale, si è sviluppata circa cinquecentomila anni fa, ed è spesso chiamata cervello esecutivo, in quanto ci consente di implementare meccanismi di autocontrollo, pianificazione, consapevolezza, ragionamento razionale e il linguaggio.

Queste tre parti del cervello non sono indipendenti una dall'altra, ma hanno anzi diverse interconnessioni attraverso le quali si influenzano tra di loro.

In particolare le connessioni neurali tra il sistema limbico e la corteccia sono molto sviluppate, ma non sono simmetriche: ci sono molte più connessioni che vanno dal sistema limbico, cuore delle emozioni, alla corteccia, sede del controllo conscio e razionale, di quante ce ne siano nel senso opposto.

Per questo motivo è spesso molto difficile controllare le nostre emozioni, perché normalmente la parte del cervello che le genera influenza la parte del cervello razionale e di controllo più di quanto possa avvenire al contrario.

Tornando al punto di vista dell'evoluzione dell'essere umano, questo ha sicuramente molto senso.

Nel contesto di difficile sopravvivenza di diecimila anni fa era molto più importante reagire immediatamente a emozioni come la paura piuttosto che riflettere analiticamente se avesse senso.

Se stai camminando in un bosco e all'improvviso un orso o una tigre ti attacca, l'ultima cosa che vuoi fare è fermarti a riflettere e valutare il da farsi.

La tua unica speranza di sopravvivere in qualche modo è difenderti o scappare, quanto più velocemente possibile.

Per questo l'amigdala, la parte del cervello limbico che gestisce appunto la paura, la formazione dei ricordi associati ad eventi emotivi e la rabbia, è in grado di prendere completamente il controllo delle nostre reazioni, senza lasciare tempo alla corteccia prefrontale di riflettere su cosa sia meglio fare.

Proprio per questo motivo abbiamo spesso reazioni irrazionali che ci danneggiano, perché nella vita che oggi conduciamo normalmente sarebbe molto più utile utilizzare la corteccia prefrontale piuttosto che l'amigdala, ma il nostro cervello non è strutturato per farlo, visto che siamo arrivati a vivere in una società in cui non dobbiamo preoccuparci di aggressioni fisiche da poco più di un secolo, mentre i tempi evolutivi per modificare il nostro cervello richiedono almeno qualche centinaio di migliaio di anni.

Tornando al caso di prima, la conseguenza è che abbiamo paura di prendere un aeroplano ma non di salire su una automobile e ci preoccupiamo degli attentati terroristici ma non di accenderci una sigaretta o di controllare il tappetino del bagno.

Ma le conseguenze in realtà sono tantissime e si applicano a buona parte della nostra vita.

Normalmente infatti diamo per scontato che quello che pensiamo sia vero e pensiamo che l'emozione che proviamo sia conseguenza di quei pensieri che a loro volta sono conseguenza della realtà, quando invece è più o meno l'opposto.

Proviamo paura e ansia non perché siamo effettivamente in pericolo, ma perché il nostro cervello è evolutivamente pensato per cercare costantemente pericoli intorno a noi e una volta che l'amigdala dà un allarme, normalmente la corteccia prefrontale razionalizza quell'emozione, generando una catena di pensieri che a noi sembrano sensati e razionali e ci sembrano giustificare la nostra preoccupazione.

Prova a pensare alle più grandi paure e preoccupazioni che hai avuto nella vita.

Quante di quelle cose per cui ti sei preoccupato in passato sono poi davvero successe?

E se non sono successe, quante sono state evitate effettivamente perché te ne sei preoccupato?

Molto probabilmente nessuna.

Eppure ti sembravano preoccupazioni assolutamente giustificate dalla realtà, cosi come ti sembrano dovute alla realtà le preoccupazioni che hai oggi e ti risulta davvero difficile accettare l'idea che le tue attuali preoccupazioni non siano dovute a quello che può succedere, quanto piuttosto al fatto che il tuo cervello è fatto per preoccuparsi e per generare pensieri che ti fanno paura.

Ma qual è il senso di tutto questo? Come può questa consapevolezza aiutarti a stare meglio?

Dovresti cercare di comportarti in maniera più evoluta e considerare sbagliato o stupido provare paura?

Assolutamente no.

Se non provassimo paura, se non ci preoccupassimo, semplicemente non esisteremmo, né come specie, né come individui.

Però renderti conto che c'è un motivo valido e razionale dietro i tuoi comportamenti, i tuoi pensieri e le tue emozioni, qualunque essi siano, ma che questo non voglia dire che siano giustificati in questo momento e che abbia senso seguirli o credergli, può regalarti un grandissima libertà: la libertà di cambiare i tuoi comportamenti per vivere meglio, senza per questo giudicarti sentendoti sbagliata o sbagliato.

Se ad esempio fai fatica a seguire una dieta sana, non è perché ti manca la forza di volontà, perché sei pigra o pigro, perché qualcosa non va in te. E' semplicemente, come abbiamo visto, un meccanismo molto naturale e sensato che qualcuno sta sfruttando per farti comprare i suoi prodotti. Nel momento in cui riesci a vedere con serenità, senza giudicarlo, questo meccanismo, hai però finalmente gli strumenti per cambiare il tuo comportamento.

Questo vale per qualunque pensiero, emozione, comportamento che tu possa avere: abbiamo tutti pensieri di cui ci vergogniamo, che nessuno dovrebbe sentire, che consideriamo sbagliati e che ci fanno pensare a volte di essere persone cattive.

Pensieri violenti, negativi, aggressivi verso noi stessi o verso gli altri.

Anche in questo caso, anche i pensieri e gli istinti che consideriamo più sbagliati hanno una giustificazione razionale in ottica evolutiva.

La rabbia e l'aggressività ad esempio non sono altro che la naturale reazione alla paura di essere feriti, sono lo stimolo naturale che ci spinge a difenderci per preservare la nostra vita, e il nostro cervello è programmato per provarle, anche quando magari la nostra vita non è effettivamente in pericolo.

Ad esempio siamo tutti portati a dividere il mondo in due grandi gruppi, noi e loro, ovvero ad identificarci in una comunità o un gruppo di persone e a provare istintivamente paura, rabbia e aggressività verso chiunque non appartenga al nostro gruppo: una persona con la pelle di un colore diverso, o che parla un'altra lingua, o che si veste in maniera diversa o che ha usanze diverse, che tifa un'altra squadra.

Ma anche una persona che la pensa diversamente, che ha una posizione politica diversa dalla nostra, magari proprio perché ha definizioni di "noi e loro" diverse dalle nostre.

Ad esempio per qualcuno loro sono le persone con la pelle di un colore diverso e una religione diversa.

Per te magari loro sono le persone che la pensano così, mentre noi siamo invece quelli che sanno che qualunque discriminazione fisica o culturale non ha senso.

La verità è che anche questa divisione fra noi e loro ha senso in ottica evolutiva, così come lo ha il razzismo.

Decine di migliaia di anni fa, quando vivevamo in piccole comunità in concorrenza fra loro per accedere alle poche risorse disponibili per sopravvivere, così come per tantissime altre specie animali, era fondamentale essere in grado di capire istantaneamente se la persona che ci trovavamo di fronte appartenesse alla nostra comunità o ad un'altra e in quest'ultimo caso era vitale aggredirla prima che lo facesse lei.

Anche in questo caso la decisione andava presa in tempi rapidissimi, frazioni di secondo, non minuti, per cui anche in questo caso la decisione veniva presa, e viene presa tutt'ora, in maniera irrazionale dal sistema limbico, non dalla corteccia prefrontale.

Tutti i ragionamenti che puoi fare sul perché quella persona rappresenti un effettivo pericolo sono normalmente una conseguenza di quella sensazione istintiva, non la causa della tua paura.

In pratica non provi paura o disprezzo per quella persona perché fa o farà qualcosa di sbagliato, ma pensi che quella persona fa o farà qualcosa di sbagliato perché istintivamente la ritieni parte di "loro" e provi paura e di conseguenza aggressività verso di lei.

Anche in questo caso, quella paura altro non è che un sensazione fisica di disagio e anche in questo caso, è naturale e normale provare quell'emozione e avere paura, ma questo non vuol dire che effettivamente quella persona sia un pericolo per te.

A questo punto ti starai magari chiedendo quale sia la conseguenza di tutto questo.

Se ogni emozione che provi trova giustificazione nella nostra storia evolutiva e se il nostro cervello è fisicamente strutturato per provarla, che possibilità hai di cambiare le cose e di iniziare a stare meglio?

Se ognuna di queste emozioni è una sensazione fisica che determina i tuoi pensieri, come puoi riprenderne il controllo?

3.

La risposta potrebbe venire di nuovo dalle neuroscienze.

Secondo la neuroscienziata di Harvard Jill Bolte Taylor infatti qualunque emozione rimane nel nostro corpo solo per 90 secondi.

In pratica quando un evento, interno o esterno, provoca in noi un'emozione, innesca una serie di reazioni fisiche e chimiche nel nostro cervello che costituiscono appunto quell'emozione e che svaniscono automaticamente al massimo entro un paio di minuti.

Ad esempio quando ti arrabbi perché è successo qualcosa, magari perché il tuo partner non ha fatto quello che ti aspettavi che facesse, hai letto una notizia sul giornale o uno sconosciuto ti è passato davanti in coda alle poste, il tuo cervello rilascia sostanze chimiche che causano la risposta fisica che costituisce la tua rabbia stessa.

Ecco, quella reazione chimica e fisica svanisce automaticamente entro un minuto e mezzo.

Perché allora invece proviamo emozioni positive, ma sopra tutto negative, che durano ore, giorni, mesi o addirittura anni?

Proprio perché come dicevamo prima quando provi un'emozione la tua mente inizia a generare pensieri che rafforzano quell'emozione.

Tornando al caso di prima, magari provi rabbia perché il tuo partner si è dimenticato di fare la spesa che eravate d'accordo avrebbe fatto.

Il tuo cervello rilascia diverse sostanze chimiche come la noradrenalina, un ormone che ti porta ad aumentare il battito cardiaco per prepararti a una reazione di fuga o attacco verso la causa della tua rabbia.

A quel punto però molto spesso succede anche un'altra cosa molto importante: il tuo cervello inizia a generare pensieri che scaturiscono da quella rabbia.

Inizi a pensare a tutte le altre volte in cui ti sei sentita o sentito deluso dal tuo partner, pensi invece a tutte le volte in cui hai fatto qualcosa tu per lei o per lui, pensi che non cambierà mai e così via.

Questi pensieri portano il tuo cervello a rilasciare ulteriormente quelle sostanze chimiche che costituiscono quell'emozione, rafforzandola e prolungandola nel tempo, per cui la tua rabbia può durare per ore o giornate intere.

In pratica sei tu che scegli, anche se magari non te ne rendi conto, di continuare ad alimentare la tua rabbia e questo meccanismo vale per qualunque emozione tu provi: allegria, eccitazione, tristezza, paura, dolore.

Ora forse ti starai chiedendo dove sia la tua possibilità di scelta, visto che a nessuno fa piacere rimanere arrabbiati o provare paura o tristezza per ore, giornate o addirittura settimane intere.

In fondo se ti arrabbi è perché gli altri ti fanno arrabbiare, o no?

Non proprio, ma andiamo con ordine.

Hai mai visto un bambino arrabbiato?

I bambini piccoli sono in grado di provare emozioni fortissime, come una grande rabbia, esprimerle in maniera plateale e poi lasciarle andare pochi secondi dopo che la causa della loro emozione è sparita.

Se ad esempio un bambino sta giocando con qualcosa e un compagno gli strappa di mano il giocattolo, la reazione può essere a volte molto intensa, come ben sa qualunque genitore.

Quello che però stupisce è la velocità con cui il bambino torni a giocare felice e sereno nel momento in cui il giocattolo gli viene restituito.

Un bambino non perde tempo a pensare a quanto sia stato ingiusto il gesto del compagno, alle altre volte che ha subito un torto in passato, al fatto che quel compagno sia una brutta persona e così via.

Il bambino si rimette a giocare, godendosi ogni secondo col suo giocattolo.

Probabilmente non te ne ricorderai, ma c'è stato sicuramente un tempo in cui anche tu lasciavi andare qualunque emozione, senza pensarci più di tanto, vivendo nel momento presente.

Poi piano piano, crescendo, hai iniziato a riflettere sempre di più e a rielaborare quello che ti succedeva, il che ovviamente è un processo importantissimo per lo sviluppo di una persona.

Però c'è una buona probabilità che ti sia stato insegnato a farlo in maniera sbagliata.

Ti hanno insegnato ad analizzare la causa esterna di quello che provi, a giudicarla, a cercare di modificare la situazione e a volte a cercare di modificare anche la tua emozione, se è spiacevole.

Quando un bambino ti rubava un giocattolo, ti hanno magari detto che quel bambino era cattivo, che rubarti il giocattolo era ingiusto, magari che in futuro dovevi fare più attenzione a non fartelo rubare.

Oppure ti dicevano di non piangere, che in fondo potevi giocare con un altro giocattolo e che non era poi così importante giocare proprio con quello. Magari ti dicevano di non arrabbiarti e che se avevi reagito in maniera violenta il cattivo eri tu, o forse addirittura che eri stupida o stupido se ti arrabbiavi per così poco. Magari ti dicevano che potevi aspettartelo visto che il giorno prima glielo avevi rubato tu e quindi avevi cominciato tu.

In qualunque caso, ti stavano insegnando a giudicare e negare le tue emozioni e a concentrarti su quello che era successo, a capire chi avesse ragione, chi fosse il buono, chi il cattivo, a come evitare di provare quell'emozione in futuro.

Probabilmente nessuno ti ha detto la cosa più importante: stavi provando dolore e magari rabbia perché ti stavi divertendo giocando con un giocattolo e qualcuno te l'ha portato via. E che va bene così, che è la cosa più naturale del mondo. Il dolore e la rabbia sono emozioni come tutte le altre, non c'è nulla di sbagliato, non c'è bisogno di evitarle. Che fai benissimo a piangere se ti senti di farlo, che non necessariamente l'altro bambino è cattivo, né lo sei tu.

Che la cosa più importante da fare è osservare quelle emozioni, riconoscerle, accettarle, sentirle fisicamente nel tuo corpo, vedere che non sono poi così spaventose e che se le osservi e le accetti in poco tempo se ne vanno da sole.

E invece, molto probabilmente, piano piano hai imparato a negarle, a ragionare, valutare, giudicare cosa è giusto e cosa no. A capire chi è il colpevole, chi è il buono, chi il cattivo.

In pratica, a continuare ad alimentare quelle emozioni ben oltre la loro naturale durata di novanta secondi.

E probabilmente ti hanno anche convinto che è giusto e importante farlo, perché provare dispiacere o dolore è sbagliato e va evitato e per farlo, oltre a rifiutare quella sensazione evitando di piangere e cercando invece di essere felice, devi valutare e ragionare per poi agire di conseguenza, perché altrimenti non otterrai mai quello che vuoi, non sarai mai felice, gli altri si approfitteranno di te e sarai vittima del mondo.

Solo che non è vero, anzi. E' proprio il continuare a ragionare, riflettere e rimuginare a renderti vittima degli eventi.

Non hai bisogno di rifiutare il dolore o giudicare te o un altro bambino che vuole portarti via il giocattolo per evitare che lo faccia.

Una volta che osservi e accetti il tuo dolore, puoi comunque semplicemente allontanarti da chi ti vuole portare via il giocattolo, o impedirgli di farlo, è molto più semplice di quello che ti hanno fatto credere.

Ma quindi? Se tutto anche tutto questo fosse successo, come potresti cambiare le cose ora che sei cresciuto?

Per fare pace con le tue emozioni, il segreto è molto semplice: devi imparare ad osservarle e ad accettarle per quello che sono, perché nel momento in cui lo fai, smettono di controllarti.

C'è una enorme differenza tra l'essere arrabbiato, o triste, e renderti conto di provare rabbia o tristezza.

Normalmente infatti quando provi rabbia la tua attenzione è completamente rivolta all'oggetto della tua rabbia, anzi ai tuoi pensieri che come dicevamo sono generati da quella rabbia e continuano ad alimentarla.

Finché resti nei tuoi pensieri non riuscirai a uscirne e non riuscirai a lasciare andare la rabbia.

Se vuoi liberarti, devi imparare a fermarti e restare lì, con le tue emozioni qualunque esse siano.

In pratica, devi solo imparare a fermarti. Devi imparare a restare immobile, senza scappare, senza farti travolgere dai tuoi pensieri e dalla tua mente. Semplicemente fermarti ed osservare la realtà per quella che è.

Ma cosa succede se lo fai?

Prima di tutto succede che ti senti molto meglio. Ti accorgi che quelle emozioni non sono poi così insopportabili e che nel momento in cui le osservi e le accetti ti rendi conto che si tratta semplicemente di sensazioni fisiche spiacevoli che durano, appunto, al massimo un paio di minuti.

Succede che ti dai la possibilità di goderti sempre di più la vita, perché ti dai l'opportunità di accorgerti di tutte le cose bellissime che ti stanno succedendo in questo momento, invece di continuare a pensare ai torti che pensi di aver subito.

Succede anche che ti dai la possibilità di scegliere le tue azioni, invece di reagire passivamente alle tue emozioni: nel momento in cui impari a fermarti ad osservare le tue emozioni, impari anche a controllare le tue reazioni, per cui impari ad esempio a non aggredire e fare del male alle persone intorno a te solo perché stai provando rabbia.

Infine, succede qualcosa di molto importante che forse non ti aspetti: cambi la struttura fisica del tuo cervello.

Qualche pagina fa ti raccontavo di come la nostra mente sia il risultato di un lunghissimo processo evolutivo e che quindi sia programmata, nel nostro codice genetico, per provare quello che proviamo e per farci agire come normalmente agiamo, ma questa spiegazione vale in realtà solo a metà.

Nel 2000 il neuroscienziato Eric Kandel ha vinto il premio nobel per la medicina dimostrando il principio della neuroplasticità, ovvero la capacità del nostro cervello di modificare la propria struttura fisica e il proprio funzionamento in risposta all'attività e all'esperienza mentale.

Questo vuol dire che qualunque cosa tu faccia o pensi modifica fisicamente il tuo cervello.

Più ripeti un pensiero o una azione, più forti e grosse diventano le connessioni cerebrali legate a quell'azione.

Tornando a un caso pratico, più alimenti la tua rabbia con i tuoi pensieri ogni volta che ti arrabbi per qualcosa, più rafforzi e accresci in dimensioni le parti del tuo cervello responsabili di quell'emozione e di quei pensieri, per cui più ti sarà facile e naturale arrabbiarti in futuro.

Allo stesso modo, più volte ti fermi a osservare la tua rabbia invece di seguire i tuoi pensieri, più la tua rabbia svanirà rapidamente, con la conseguenza che il tuo cervello verrà modificato fisicamente per farlo, e ti sarà sempre più facile e naturale farlo in futuro.

Questo vuol dire che hai un enorme potere.

Se è quindi vero che nasci con delle specifiche strutture cerebrali e con dei meccanismi innati derivati dal nostro percorso evolutivo, è anche vero che hai il potere di modificare la tua mente e il tuo cervello, semplicemente con la forza dell'abitudine.

E non importa che tu abbia vent'anni o settanta, il processo della neuroplasticità continua tutta la vita, pur rallentando con l'avanzare dell'età.

Per cui ogni volta che decidi di fermarti ad osservare le tue emozioni invece di farti travolgere dai tuoi pensieri stai modificando il tuo cervello in modo tale che ti verrà sempre più facile e naturale farlo, invertendo in qualche modo il processo educativo che ti ha portato a stare male per ore e giorni quando succede.

Quindi il nostro patrimonio genetico determina solo in parte il funzionamento del tuo cervello, perché una buona parte deriva da quello che fai, dai pensieri che hai, dai meccanismi mentali che attui in risposta agli stimoli e alle emozioni.

Purtroppo una gran parte di questo condizionamento avviene durante la nostra infanzia e normalmente passiamo la nostra vita ripetendo e rafforzando in maniera inconsapevole tutti i meccanismi che ci sono stati insegnati.

Perché è nei primi anni di vita, quando il cervello ha il suo maggiore sviluppo, che si formano buona parte dei nostri meccanismi mentali, del nostro modo di pensare, agire e reagire alle emozioni.

Ma non hai scelto l'ambiente in cui crescere, per cui a meno che tu non abbia già intrapreso un percorso di analisi e di consapevolezza del tuo passato, è molto probabile che i tuoi meccanismi mentali e il tuo modo di relazionarti alle emozioni siano il risultato della tua educazione.

In pratica hai ereditato dai tuoi genitori il modo in cui pensi, il modo in cui reagisci agli stimoli interni ed esterni, alle emozioni, il modo in cui soffri o in cui gioisci.

Hai ereditato il modo in cui pensi di essere fatta o fatto.

E se stai soffrendo e ti rendi conto che la tua sofferenza deriva dalla tua infanzia, da quello che hanno detto e fatto i tuoi genitori, hai ragione.

Ma il principio della neuroplasticità ti dice che puoi cambiarlo, che puoi modificare la tua mente, il tuo cervello, puoi rieducarti.

Non è colpa tua per quello che è successo, non è colpa tua se la tua mente è abituata a reagire come reagisce ora, ma hai la possibilità di cambiarlo.

Questa possibilità, se ci pensi, è un potere enorme.

Perché non solo hai il potere di cambiare il tuo modo di pensare e di reagire per stare meglio.

La verità è che hai un potere molto più grande.

I tuoi genitori a loro volta non hanno scelto i loro genitori e come te non hanno scelto come essere cresciuti ed educati. Non hanno scelto di soffrire.

Forse, se sono stati fortunati, hanno avuto la possibilità di rendersene conto e di cambiare, ma forse no.

Il nostro modo di reagire, di pensare, di affrontare la vita e a volte di soffrire viene da molto lontano e costituisce la nostra eredità e il nostro patrimonio familiare tanto quanto il nostro patrimonio genetico.

Ma se non puoi cambiare il tuo patrimonio genetico, puoi però cambiare tutto il resto.

Per cui il potere che hai ora non riguarda solo te stessa o te stesso, riguarda tutte le generazioni future dopo di te, se avrai figli. Hai il potere di cambiare in meglio la vita di tantissime persone e tantissime generazioni a venire, di cambiare la storia della tua famiglia.

Ma anche oltre: indipendentemente dal fatto che tu possa o voglia crescere dei figli in futuro, sei comunque quotidianamente in contatto con decine di persone.

Con ognuna di esse hai interazioni e trasmetti loro emozioni e pensieri, influenzando il loro stato d'animo.

Ogni volta che rimani arrabbiato a lungo e reagisci alla tua rabbia con aggressività, semini nel mondo un po' di rabbia e aggressività.

Magari ti arrabbi col tuo partner la mattina prima di andare al lavoro, durante il tragitto continui a ripensarci e ad arrabbiarti sempre di più. Quando arrivi al lavoro reagisci con aggressività e rabbia al primo collega o cliente che ti chiama.

Quel collega e quel cliente magari si sentiranno aggrediti e feriti e reagiranno con rabbia a loro volta, sia nei tuoi confronti, inasprendo ulteriormente la situazione, sia nei confronti dei loro colleghi e magari anche con la propria famiglia una volta che torneranno a casa.

A loro volta tutte le persone che avranno subito la loro aggressività reagiranno allo stesso modo, in una cascata di negatività.

Se invece impari a non alimentare la tua rabbia e non reagire con aggressività, quando al mattino il tuo partner fa qualcosa che ti fa innervosire e lasci passare quell'emozione, sarai più gentile con tutte le persone che incontrerai.

Sorriderai al collega o al cliente, li tratterai con rispetto ed essi a loro volta faranno lo stesso con i loro colleghi e con la loro famiglia.

Cambiando il tuo modo di reagire, puoi veramente portare una piccola rivoluzione nel mondo.

Se vuoi cambiare le cose devi solo imparare a fermarti, ad osservare tutto quello che succede dentro di te, le tue emozioni e i tuoi meccanismi di risposta alla emozioni.

Solo allora potrai essere libera o libero di cambiarle, potrai decidere di reagire diversamente e così facendo potrai modificare la tua mente, modificando le tue reazioni.

Ovviamente non basta decidere di farlo. Come per tutte le cose, occorre allenarsi.

4.

Ma cosa vuol dire imparare a fermarti ad osservare le tue emozioni?

Vuol dire prima di tutto accorgertene.

Ad esempio, che emozione stai provando in questo momento?

Probabilmente fino a pochi secondi fa non lo sapevi, semplicemente perché la tua attenzione era rivolta altrove.

Eri immersa o immerso nelle parole che stavi leggendo o magari in qualche pensiero scaturito da quelle parole.

Perché l'attenzione, in fondo, è come un fascio di luce.

In ogni istante la tua attenzione è sempre rivolta su un unico oggetto, illuminandolo e lasciando al buio tutto il resto.

Normalmente non ce ne accorgiamo e la lasciamo libera di illuminare quello che vuole, limitandoci a vedere quello viene illuminato in quel momento.

Se pensi invece di essere in grado di riuscire a prestare attenzione a più cose contemporaneamente, in realtà ti sbagli.

È stato infatti ampiamente dimostrato che l'idea di poter prestare attenzione a più cose nello stesso momento e fare più cose contemporaneamente, semplicemente è una illusione.

Quando parli con qualcuno guardando la televisione o leggi un libro ascoltando la radio, in realtà la tua attenzione continua a illuminare solo una cosa per volta, ma passa rapidamente da una all'altra senza che tu te ne accorga.

Imparare a prendere coscienza di dove sia rivolta la tua attenzione e riprenderne il controllo è semplicemente il più grande regalo che puoi farti e una delle chiavi fondamentali per la tua felicità.

Forse stai pensando di averne già il controllo, in fondo decidi sempre tu cosa fare, no?

In verità no e controllare la tua attenzione è probabilmente molto più difficile di quanto tu possa pensare.

Prova ad esempio a portare la tua attenzione al tuo respiro, alle sensazioni fisiche dell'aria che entra ed esce dalle narici, o sul petto o la pancia che si gonfiano e si sgonfiano ad ogni respiro.

Quanto tempo riesci a rimanere focalizzata o focalizzato su una cosa semplice come il respiro senza distrarti e senza iniziare a pensare?

E cosa succede nel momento in cui inizi a pensare?

Succede che la tua attenzione, il tuo fascio di luce, viene rivolto verso i tuoi pensieri e tu rimani immersa o immerso all'interno della tua mente, senza che tu lo decida e normalmente senza che tu neanche te ne accorga.

Quel meccanismo automatico che decide dove puntare la tua attenzione è la causa di tutta la tua sofferenza.

Come tutti i meccanismi della nostra mente di cui dicevamo prima, anche questo è assolutamente naturale e ha senso in ottica evolutiva, ma molto spesso ti fa del male e normalmente definisce e controlla buona parte della tua vita.

Quante azioni hai compiuto deliberatamente oggi, conscia o conscio di quello che stavi effettivamente facendo e quante invece ne hai compiute seguendo il pilota automatico?

Ogni volta che prendi in mano il cellulare per controllare le notifiche, per dare un'occhiata ai social network o guardare qualche video divertente, quasi sicuramente non scegli di farlo.

Non scegli di puntare la tua attenzione sullo schermo di un cellulare, lo fai e basta.

Ogni volta che pensi e che rimani immersa o immerso nei tuoi pensieri, nei tuoi ricordi del passato o in previsioni future, non scegli di farlo, non decidi di pensare.

Non ti dici "ora penserò un po' al futuro e a quello che può andare storto".

Anzi, non ti accorgi neanche che stai pensando al futuro, la tua attenzione è immersa in quei pensieri e non vede nient'altro. Vivi dentro quei pensieri. Pensi semplicemente che non troverai mai il lavoro dei tuoi sogni, oppure che troverai l'amore della tua vita, oppure che sabato sera incontrerai i tuoi amici.

Tornando al caso di prima, quando provi rabbia normalmente non te ne accorgi neanche, la tua attenzione viene automaticamente rivolta all'oggetto dei pensieri generati da quella rabbia stessa.

Non pensi "sto provando rabbia e la mia mente sta generando dei pensieri aggressivi", la tua attenzione è completamente immersa in pensieri come "la prossima volta gliela farò vedere io", "fa sempre così", "non si deve permettere" e così via.

Ma qual è il meccanismo che controlla la tua attenzione? In base a cosa il tuo fascio di luce viene orientato automaticamente verso un oggetto piuttosto che un altro?

Il meccanismo è tanto semplice quanto potente, e ne abbiamo già parlato prima.

Lo strumento con cui la natura e la vita controllano la nostra attenzione sono le sensazioni fisiche, attraverso esse controllano la nostra attenzione e controllando la nostra attenzione controllano la nostre azioni.

E' molto probabile che tu non te ne sia mai accorta o accorto, se non hai mai fatto allenamento per riprendere il controllo della tua attenzione, ma in ogni momento provi delle sensazioni fisiche e, quasi sempre, quelle sensazioni vengono interpretate dalla tua mente come piacevoli o spiacevoli, solo che tu normalmente non te ne accorgi.

Non te ne accorgi proprio perché siamo programmati per non farlo, perché quel meccanismo è il mezzo con cui si attuano tutti i meccanismi necessari alla conservazione dell'individuo e della specie frutto dell'evoluzione di centinaia di migliaia di anni.

Ma quindi cosa succede normalmente quando provi quelle emozioni?

Nel caso di sensazioni fisiche che interpreti come negative e fastidiose, sei molto semplicemente portata o portato ad evitarle.

E' molto semplice ma molto, molto potente ed è alla base di tutto.

Per evitarle, reagiamo sostanzialmente in due possibili modi.

Di uno abbiamo già in parte parlato e consiste semplicemente nel pensare.

L'emozione negativa genera pensieri e la nostra attenzione viene spostata e assorbita completamente in quei pensieri.

Normalmente si tratta di pensieri che costituiscono scenari immaginari legati a ricostruzioni del passato, di un possibile futuro o di un presente alternativo.

In pratica fuggiamo dal presente, allontanando il più possibile la nostra attenzione, spostando il nostro fascio di luce lontano dal presente che percepiamo come scomodo e doloroso.

L'altro strumento che usiamo per evitare il dolore e il fastidio è compiere azioni che in qualche modo possano darci una sensazione fisica piacevole che copra quel dolore o quel fastidio.

Tornando alla chimica della nostra mente, ci dedichiamo ad attività che portino il nostro cervello a rilasciare dopamina.

Ad esempio mangiamo, possibilmente cibo dolce o salato.

Oppure beviamo degli alcolici o assumiamo altri tipi di droghe.

O magari prendiamo in mano il cellulare e iniziamo a guardare le notifiche, o a scorrere post, video e immagini sui social network.

Oppure accendiamo il televisore, o guardiamo una serie o un film.

O magari ci mettiamo a lavorare, per immergerci in una attività che assorba completamente la nostra attenzione, distogliendola da quel fastidio.

Oppure ancora andiamo a correre, o a sollevare pesi, o fare qualunque altra attività fisica impegnativa, se non a volte addirittura rischiosa, in cambio di un po' di adrenalina.

Tutto questo semplicemente per sfuggire a quella sensazione fisica che ci dà fastidio e di cui normalmente non abbiamo neanche coscienza.

Non ce ne rendiamo conto ma tutto quello che facciamo, finché non portiamo l'attenzione a quelle sensazioni fisiche, è cercare in tutti i modi di sfuggire al fastidio e al dolore e di cercare di ottenere piacere fisico.

Spesso il piacere e il dolore sono generati da qualcosa che stiamo facendo, spesso, come dicevamo prima, sono generati dall'aspettativa, dall'anticipazione di un evento.

In quel caso il nostro fascio di luce si sposta nei nostri pensieri e senza che ce ne accorgiamo abbandoniamo la realtà per esplorare possibili scenari alternativi.

Questo meccanismo però ha senso e ci aiuta a sopravvivere in un ambiente di dura sopravvivenza in cui oggi non viviamo più e porta a farci molto più male che bene.

Per sfuggire a quella sensazione di fastidio fisico ci perdiamo la vita, tutta la sua bellezza, arriviamo a distruggere i nostri corpi con sostanze e comportamenti che ci uccidono, siamo pronti a fare del male a chi ci sta intorno e a distruggere la vita e la Terra che ci ospita.

Facciamo tantissime cose di cui poi ci pentiamo.

Viviamo poi nel rimpianto per quello che abbiamo e non abbiamo fatto, e nella paura e nell'ansia di quello che potrebbe succedere.

Tutto questo perché non abbiamo il controllo della nostra attenzione. Perché spesso non ci rendiamo neanche conto di cosa sia la nostra attenzione, e comunque pensiamo di non poterla controllare.

Il più grande regalo che puoi fare a te e al mondo è riprendere il controllo della tua attenzione.

Imparare a controllare la tua attenzione ti darà una libertà infinita, superiore a qualunque altra libertà tu possa mai immaginare.

Ti consente di accorgerti quando stai pensando, invece di vivere immersa o immerso nei tuoi pensieri e ti consente di decidere, ogni momento, come vuoi vivere la tua vita.

Avere il controllo della tua attenzione vuol dire essere consapevole.

Riuscire a vedere i tuoi meccanismi mentali, i tuoi comportamenti, senza giudicarli e senza però subirli o identificarti in essi, è l'unico modo per liberartene.

Nel momento in cui ti accorgi di questi meccanismi, automaticamente te ne liberi, potendo quindi scegliere di agire deliberatamente in maniera diversa.

Essere liberi di scegliere vuol dire essere più felici, perché vuol dire liberarsi dalle paure e dalla sofferenza.

Ad esempio in questo momento potresti essere molto preoccupata o preoccupato per qualcosa, ma nel momento in cui smetti di focalizzarti su questa cosa e sposti invece la tua attenzione sul fatto che in questo momento provi una sensazione fisica fastidiosa e di conseguenza il tuo cervello genera scenari possibili negativi, ti aiuta a capire che si tratta solo di un pensiero, e magari puoi anche accorgerti che invece avresti mille motivi in questo momento per essere grata o grato, felice ed ottimista.

Ma essere liberi di scegliere vuol dire essere più felici anche perché vuol dire poter spendere il tuo tempo in qualcosa che ti fa stare davvero bene, il che molto spesso non è quello che d'impulso faresti, come guardare il cellulare o mangiare cibo che ti fa del male.

Essere liberi vuol dire anche essere più produttivi, perché ti consente di investire il tuo tempo in maniera strategica e lucida, e non reattiva alla paura di sbagliare, di non essere all'altezza, al bisogno di gratificazioni esterne e riconoscimenti.

Essere liberi vuol dire anche vivere meglio e più a lungo, perché ti consente di prenderti cura di te.

Accorgerti che se ti accendi una sigaretta è semplicemente perché il tuo corpo ha bisogno di nicotina e proverai sensazioni fisiche fastidiose o dolorose finché non la assumerai, oppure che stai mangiando delle patatine o un dolce solo perché in questo modo il tuo cervello rilascerà dopamina e avrai una immediata sensazione fisica di piacere, ti consente di scegliere di agire diversamente.

Infine, essere liberi di scegliere vuol dire anche essere più ricchi, perché riconoscere i meccanismi che ti spingono ad acquistare, vuol dire spesso capire che non ha senso farlo.

Capire che il nuovo modello di cellulare o un nuovo vestito non ti renderanno più felice, ma che il tuo cervello ti sta invece dicendo il contrario, perché ti è stato detto che saremo persone migliori o più attraenti se lo faremo, vuol dire risparmiare un sacco di soldi.

Ma come farlo?

Devi solo imparare a fermarti e a puntare la tua attenzione dove vuoi tu.

Nulla di più.

Se ci pensi, è incredibile come buona parte dei problemi sia risolvibile non facendo nulla.

Semplicemente fermandoti.

Normalmente non è l'inattività a farci del male, ma l'attività.

Se vuoi smettere di fumare ad esempio non devi fare assolutamente nulla.

Semplicemente devi non fare, devi non accendere una sigaretta.

Se vuoi seguire una alimentazione sana non devi cucinare piatti particolarmente complessi o fare cose strane, devi solo imparare a fermarti quando hai l'impulso a mangiare cibo che ti fa del male.

Se vuoi avere una maggiore serenità economica, normalmente non hai bisogno di guadagnare di più, ma spesso (non sempre) di spendere meno, fermandoti ogni volta che hai l'impulso a comprare qualcosa di nuovo.

Se vuoi migliorare i rapporti che hai con le persone intorno a te, la cosa più importante che puoi imparare a fare è imparare ad ascoltare gli altri. Imparare a fermarti e a non parlare quando vogliono dirti qualcosa. Imparare a non fare nulla, a non ferirli quando provi rabbia o paura.

Viktor Frankl, un neurologo austriaco, psicologo e sopravvissuto all'olocausto, una volta disse che tra lo stimolo e la risposta c'è uno spazio. In quello spazio c'è il nostro potere di scegliere la nostra risposta. Nella nostra risposta c'è la nostra crescita e la nostra libertà.

Tutta la libertà di cui hai bisogno per cambiare qualunque tuo comportamento, per vivere in maniera più piena e felice, per realizzare qualunque progetto tu voglia realizzare è in quello spazio.

Se riesci a fermarti nel momento in cui provi una sensazione fisica che ti spinge e ti stimola a reagire, in quella pausa troverai la tua libertà.

Questo è il grande miracolo della presenza mentale, della mindfulness.

Per potere essere libera o libero di cambiare, devi riuscire prima di tutto a fermarti. Devi riuscire a osservare, ad ascoltare la realtà per quella che è, ad accettarla senza giudicarla.

Se provi una sensazione fisica fastidiosa, finché continuerai a giudicarla, a considerarla sbagliata, a pensare che non dovrebbe esserci e a cercare di mandarla via, continuerai ad alimentarla e ad alimentare quel meccanismo automatico di stimolo e risposta.

Ma se riuscirai a fermarti, a guardarla, ad accettarla, rendendoti conto che in fondo è solo una sensazione fisica passeggera come tutte le altre, che è normale che la provi, che va bene così, allora troverai la libertà di scegliere come agire, come vivere.

Ti regalerai la libertà di poter migliorare in ogni momento la tua vita, le tue relazioni, di realizzare quello che desideri.

Sopra tutto, ti regalerai la libertà di poter scegliere di vedere in ogni momento l'infinita bellezza della vita dentro e fuori di te, invece di farti trascinare dai tuoi pensieri in una realtà parallela dentro la tua mente.

Quante cose fai ogni giorno senza essere presente, quante cose bellissime ti perdi ogni momento?

In ogni istante delle nostre giornate assistiamo al miracolo della vita senza rendercene conto.

Ci svegliamo al mattino, sblocchiamo il cellulare e ci immergiamo in foto e video senza neanche accorgerci che lo stiamo facendo, alla ricerca di qualche breve gratificazione istantanea, immergendoci in vite virtuali che ci sembrano perfette e che ci fanno sentire sempre più inadeguati e incompleti.

Ci dimentichiamo di essere vivi, della fortuna che abbiamo ad avere un cuore che batte, un letto, un tetto sopra la nostra testa, degli occhi per vedere, un cellulare, magari un compagno o una compagna al nostro fianco.

Ci perdiamo la sensazione bellissima delle lenzuola e delle coperte sulla nostra pelle, o la sensazione dell'aria fresca sul nostro viso.

Poi facciamo colazione e continuiamo a scorrere le pagine di qualche social network sul cellulare, oppure leggiamo le notizie, o guardiamo il telegiornale, oppure magari semplicemente pensiamo al lavoro che ci aspetta, o al giorno prima, o alle vacanze.

Non ci accorgiamo neanche che stiamo facendo colazione. Non ci accorgiamo del sapore di quello che mangiamo o beviamo. Sapori e profumi unici, perché, anche se non ce ne accorgiamo, ogni mela è leggermente diversa da un'altra, noi siamo diversi ogni giorno.

Non ci rendiamo neanche conto di quanto siamo fortunati a poter fare colazione, ad avere del cibo, a poterlo mangiare, a poterne sentire il sapore, il profumo, a poterlo prendere in mano.

Poi ci laviamo e ci prepariamo, di nuovo immersi nei nostri pensieri, nelle nostre paure, nei nostri rimpianti, nelle nostre speranze.

Ci perdiamo la sensazione dell'acqua calda o fredda sulla pelle quando facciamo la doccia, la sensazione di indossare dei vestiti caldi e puliti, non ci accorgiamo della fortuna che abbiamo ad averli.

Usciamo di casa e corriamo al lavoro, senza accorgerci del sole che ci riscalda, o della sensazione dell'aria fresca sulla pelle, della vita che scorre intorno a noi: uccelli che cantano, insetti che volano, piante che crescono.

Ci dimentichiamo della fortuna che abbiamo ad avere due gambe per andare al lavoro, ad avere un lavoro cui andare, per quanto possa non piacerci.

Incontriamo amici, compagni, colleghi, figli, senza accorgerci che sono cambiati, che sono cresciuti, senza vederli davvero, senza renderci conto della fortuna che abbiamo ogni giorno a poter stare con loro.

Lavoriamo e ci dimentichiamo di esistere, di essere vivi, non ci accorgiamo neanche che stiamo respirando.

Ci dimentichiamo cosa stiamo davvero facendo, chi stiamo aiutando grazie al nostro lavoro, del fatto che grazie ad esso possiamo pagare l'affitto e dare da mangiare alle persone che amiamo. Lavoriamo e vorremmo essere altrove, fare altro. Vorremmo essere a casa a riposarci, oppure al mare. Però quando siamo a casa, o al mare, pensiamo al lavoro, o a un posto più bello dove poter essere in vacanza.

Vivere in maniera consapevole, mindful, vuol dire avere rispetto per la vita, riuscire a vederne l'infinita bellezza, e a goderne.

Vuol dire accorgerti che tutto merita la tua attenzione e che, se lo osservi attentamente, tutto è unico e magico.

Quel filo d'erba che spunta dall'asfalto, che è unico e diverso da tutti gli altri fili d'erba che hai mai visto nella tua vita, tanto quanto lo sei tu e che sta producendo l'ossigeno che respirerai, che sta crescendo prendendo nutrimento dalla terra.

Quell'insetto che si è posato sul tuo braccio, che sta respirando insieme a te, che sta magari cercando del cibo e che è un individuo unico, con una sua storia, con le sue emozioni ed è li con te, condividendo questo momento unico.

Quel caffè che stai bevendo, la mela che stai mangiando.

5.

Ma come puoi imparare a riprendere il controllo della tua attenzione?

La risposta è semplice: meditando.

Non so tu, ma io per tantissimi anni, direi per buona parte della mia vita, ho considerato la meditazione come una pratica religiosa e, per questo motivo, me ne sono sempre tenuto ben lontano.

L'ho sempre associata a religioni, sette o quanto meno a un misticismo irrazionale che facevano a pugni col mio approccio razionale alla vita e alla conoscenza.

Per questo motivo ero molto scettico la prima volta che mi hanno suggerito di provare, ma visto che l'indicazione veniva da una persona altrettanto razionale e il suggerimento era semplicemente di provare una applicazione sul cellulare, mosso da curiosità decisi di fare un tentativo.

Scoprii che meditare è una pratica religiosa tanto quanto andare in palestra a sollevare pesi.

Trovo che in fondo sia curioso il fatto che oggi per tantissime persone sia da considerare perfettamente logico e normale prendersi cura del proprio corpo, allenarlo, rafforzarlo e modificarlo con l'attività fisica, ma sia considerato strano fare lo stesso con la propria mente e con il proprio cervello.

Il massimo che spesso facciamo per la nostra mente è nutrirla leggendo libri, studiando e aggiungendo nozioni.

Non che sia sbagliato, ovviamente, anzi: leggere è probabilmente uno dei modi migliori per entrare in contatto con idee diverse dalle nostre e ci può consentire di scoprire e imparare tantissimo. Però la lettura, così come lo studio o la visione di film e documentari, è una forma di nutrimento dei nostri pensieri, non un allenamento per la nostra mente.

La differenza è fondamentale.

È la stessa differenza che passa tra il mangiare e l'andare in palestra, o tra il leggere un libro sull'arrampicata in montagna e andare in montagna ad arrampicare.

Immagino tu riesca a ricordare l'ultima volta in cui hai fatto una attività fisica, ma riusciresti a ricordare l'ultima volta nella tua vita in cui hai fatto qualcosa per allenare la tua mente?

In realtà, anche se non ti viene in mente nulla, lo fai ogni momento.

Come dicevamo, il principio della neuroplasticità ci dice che ogni volta che ripetiamo un gesto, un pensiero, un meccanismo mentale, modifichiamo il nostro cervello in modo che la prossima volta ci verrà più naturale farlo.

È stato infatti ampiamente dimostrato che ogni volta che attiviamo un percorso neuronale nel nostro cervello, quello stesso percorso si rafforza: i neuroni che si attivano insieme si legano insieme.

Esattamente come nell'allenamento fisico, l'allenamento mentale viene quindi con la ripetizione di un gesto e di un pensiero.

Quindi ogni volta che ripeti un qualunque comportamento, sia positivo che negativo, stai allenando la tua mente a ripeterlo meglio e ancora più naturalmente la prossima volta.

Ogni volta che ti senti a disagio e istintivamente apri il frigorifero o un pacchetto di patatine, ti stai allenando a rifarlo di nuovo la prossima volta.

Ogni volta che reagisci con rabbia e aggressività a un commento del tuo partner o di un amico, ti alleni rafforzando quel meccanismo di difesa.

Per questo leggere, pensare e capire non basta, se vuoi cambiare il tuo comportamento.

Perché capire in questo momento la causa di un tuo comportamento non ti servirà la prossima volta in cui ti troverai in una situazione che scatena quel tuo comportamento.

Se vuoi imparare a reagire ed agire diversamente, devi allenare la tua mente a farlo.

Questo penso sia uno dei punti più importanti e purtroppo meno compresi quando si parla di crescita personale e di cambiamento.

Puoi leggere tutti i libri del mondo sulla felicità, guardare tutti i video esistenti su qualunque piattaforma online, puoi studiare tutta la letteratura mai prodotta sulle neuroscienze, ma finché non inizierai a praticare e ad allenarti continuerai a ripetere e a rafforzare gli stessi schemi mentali di sempre.

La meditazione non è altro che questo, un allenamento.

Ma allora perché continuiamo a considerarla come un'attività irrazionale, esoterica e religiosa?

Probabilmente semplicemente per una questione storica. La meditazione infatti è sicuramente parte integrante della pratica di diverse religioni orientali, pur non essendo, di per sè, una pratica religiosa.

Soltanto negli anni settanta il mondo occidentale ha iniziato ad occuparsi in maniera laica e scientifica di meditazione e da allora mindfulness e meditazione si sono diffuse in tutto il mondo, ma ancora il pregiudizio rimane, anche perché spesso in occidente la pratica meditativa viene promossa all'interno di contesti non laici, spesso esoterici, in cui insieme alla meditazione vengono proposte tante altre teorie che di laico, scientifico e razionale hanno ben poco.

In generale c'è spesso la tendenza ad utilizzare il termine spiritualità per raggruppare qualunque teoria e pratica che non siano normalmente considerate tradizionalmente razionali.

Per cui la meditazione è spesso associata a teorie pseudoscientifiche, all'astrologia, e a teorie di leggi e poteri mentali trascendenti la realtà.

Tutto questo viene spesso racchiuso in un concetto astratto di spiritualità, con l'idea che nel momento in cui vai oltre il pensiero razionale, allora la razionalità crolla e qualunque legge può essere valida.

Per cui tarocchi, astri, cristalli spiegherebbero la realtà meglio di quanto non lo faccia la teoria della relatività.

Purtroppo sono convinto che questo approccio contribuisca ad alimentare pregiudizi che impediscono a tantissime persone di avvicinarsi alla pratica meditativa, relegandola a contesti molto specifici e ristretti e penso che sia un grandissimo peccato.

Perché la meditazione è una pratica universale e indipendente dal credo religioso, dal contesto culturale, dall'insieme di credenze che ciascuno di noi possa avere.

Si può meditare e continuare a praticare qualunque religione, a vivere in qualunque fede e continuare a credere in qualunque cosa.

I benefici della meditazione sia fisici che mentali sono tantissimi e non c'è persona al mondo che non potrebbe trarre giovamento dalla pratica.

La meditazione è allenamento per la mente, tanto quanto lo sport lo può essere per il corpo.

Come per lo sport, però, è necessario fare delle distinzioni.

Il tiro con l'arco è uno sport, così come il windsurf, un'arte marziale, il sollevamento pesi o il calcio.

Sono tutte attività fisiche ricreative, ma ovviamente sono anche tutte profondamente diverse una dall'altra in termini di obiettivi, allenamento, risultati.

Allo stesso modo il termine meditazione racchiude in sé tantissime pratiche completamente diverse, originatesi in contesti diversi, che prevedono attività diverse e che portano risultati completamente diversi.

Quando parlo e scrivo di meditazione personalmente faccio riferimento alla meditazione cosiddetta mindfulness, che conosco e pratico da tanti anni.

È una delle pratiche più diffuse del mondo, insieme forse alla meditazione trascendentale, che però conosco poco.

Il termine meditazione mindfulness è relativamente recente, essendo stato inventato circa centocinquant'anni fa come traduzione del termine "sati", che in Pali, un'antica lingua indiana, significa più o meno "consapevolezza del momento presente".

La meditazione mindfulness non è altro che un allenamento ad essere consapevoli, in ogni momento, di quello che sta succedendo, dentro e fuori di noi.

Essere consapevoli, come dicevamo prima, per essere liberi.

Per poterlo fare la prima capacità che questo allenamento ci aiuta a rafforzare è il controllo della nostra attenzione, del nostro focus.

Il concetto di allenamento, quando si parla di meditazione, è fondamentale, perché molto spesso siamo portati a fraintendere il senso della pratica.

Quando ad esempio ci viene data come istruzione quella di tenere la nostra attenzione fissa sulle sensazioni fisiche del respiro e se ci distraiamo e pensiamo a qualcosa, di riportarla di nuovo sul respiro, siamo portati a pensare che l'obiettivo della pratica sia effettivamente quello.

Pensiamo che l'obiettivo sia smettere di pensare, svuotare la mente e rimanere concentrati sulle sensazioni del respiro.

Ma l'obiettivo non è quello, l'obiettivo è imparare a riportare l'attenzione dove vogliamo noi ogni volta che la nostra mente genera un pensiero.

Allo stesso modo chi va in palestra a sollevare pesi non lo fa per sollevare pesi, ma per rafforzare i muscoli e aumentare la massa muscolare, cosa che avviene sollevando pesi.

Quindi in pratica se non ci distraessimo, se la nostra mente non producesse pensieri, sarebbe inutile sedersi a meditare.

E questo è uno dei più grandi fraintendimenti da chiarire ogni volta che qualcuno si avvicina per la prima volta a questa pratica.

L'obiettivo della meditazione non è diventare bravi a meditare.

Certo, proseguendo con la pratica e con l'esperienza si impara tanto e si diventa sempre più esperti, ma l'obiettivo non è quello.

Allo stesso modo non si può essere più o meno portati per la meditazione, anzi il concetto in sé non ha proprio senso.

Ho sentito spessissimo dire "ho provato a meditare ma non fa per me" oppure "ho provato ma non riesco", "ho troppi pensieri", "la mia mente è troppo agitata".

E' un po' come dire "ho provato a sollevare pesi ma non ci riesco" oppure "ho provato a suonare il pianoforte ma non ci riesco".

Come per qualunque allenamento occorre pratica e pazienza e il fatto di non riuscire è parte fondamentale dell'allenamento stesso.

Quando si riesce a sollevare cento chili in palestra, non serve assolutamente a nulla cercare di sollevarne cinque, quanto piuttosto cercare di sollevarne centodieci e fallire finché non ci riusciamo. E' proprio quel fallimento la chiave dell'allenamento.

Allo stesso modo il momento prezioso nella meditazione non è quando teniamo l'attenzione sul respiro, ma quando ci distraiamo e riportiamo l'attenzione sull'oggetto della meditazione.

E' il continuo riportare l'attenzione, il nostro focus, dalle distrazioni al nostro oggetto di meditazione il vero allenamento.

Facendolo una, dieci, cento, mille, un milione di volte, piano piano modifichiamo il nostro cervello, diventando sempre meno reattivi e sempre più proattivi, liberandoci dal controllo dei nostri pensieri e delle nostre emozioni.

Impariamo ad osservare i nostri pensieri e a vederli per quello che sono, semplicemente pensieri, e invece di farci travolgere impariamo ad osservarli e a lasciarli passare.

Per cui quando la mente ci dirà, ad esempio, che non ce ne va mai bene una e che non riusciremo mai ad ottenere quello che vogliamo, invece di crederci, ci accorgeremo che la mente ha generato quel pensiero, che è solo un pensiero.

Quando ci arrabbieremo col nostro partner perché non ha fatto quello che gli abbiamo chiesto, invece di iniziare ripensare a tutte le volte che non ha fatto qualcosa che gli abbiamo chiesto, a tutte le volte che noi abbiamo fatto qualcosa per lei o per lui, al fatto che aveva promesso di cambiare ma non l'ha fatto, a come sarebbe stato se avessimo deciso di stare con qualcun altro, semplicemente ci accorgiamo che stiamo provando rabbia e che la nostra mente sta generando pensieri rabbiosi.

Questo succede perché ci siamo allenati a farlo.

E più ci alleniamo, meglio ci riusciamo.

La neuroplasticità di cui abbiamo parlato prima ci insegna che ci vuole tempo e pazienza, perché ogni singola volta che seduti su un cuscino riportiamo la nostra attenzione da un pensiero a dove vogliamo noi, il cervello si modifica per renderci sempre più capaci di farlo, ma questo processo richiede tanto tempo e tantissime ripetizioni.

Un altro fraintendimento molto comune deriva direttamente da questo e si presenta quando si pratica da un po' di tempo.

Dopo qualche settimana di pratica infatti è probabile che inizi vedere grandi cambiamenti durante la pratica stessa: le mente si rilassa molto più velocemente e può capitarti di provare emozioni e sensazioni molto piacevoli.

Questo può portarti a pensare di essere sulla strada giusta, di aver finalmente imparato ad avere il controllo sulla tua mente, di avere accesso a grandi stati di grazia e saggezza.

Poi all'improvviso nulla sembra più funzionare e per quanto ti sforzi la mente sembra completamente incontrollabile.

Anzi più cerchi di calmare la mente, più la mente si agita.

Questo succede perché in realtà è proprio il desiderio di controllo e il rifiuto della realtà per come è che porta la tua mente ad agitarsi, a cercare di cambiare e di risolvere.

Per cui paradossalmente più cerchi di calmarti quando sei agitato, più ti agiti, quindi quando ti sedi a meditare con l'intento di calmare la mente, la stimoli ancora di più.

Il grande fraintendimento è proprio questo: pensare che l'obiettivo della meditazione sia calmare la mente.

Non lo è.

Quest'idea deriva sostanzialmente da due cose: la prima è che se ci viene data l'indicazione di rimanere concentrati sull'oggetto della meditazione e di riportare l'attenzione ogni volta che ci distraiamo e la nostra mente produce un pensiero, siamo portati a credere che l'obiettivo quindi sia non distrarsi e non avere pensieri.

Ma l'obiettivo, vale la pena ripeterlo, è allenarci a riportare l'attenzione dai pensieri alla realtà, per cui va benissimo se la nostra mente produce tanti pensieri perché è agitata.

Il secondo motivo che porta a fraintendere il senso della meditazione è che effettivamente praticando, la mente spesso si concentra e si calma e in quella calma spesso proviamo sensazioni di pace, piacere e felicità.

Viene quindi naturale pensare che l'obiettivo sia quello e che chi è bravo a meditare riesca ogni volta a calmare la mente e provare quelle sensazioni piacevoli.

Ma non è così. La calma della mente e le sensazioni che si provano sono solo una conseguenza della pratica e si impara presto che più cerchi di raggiungerle, più te ne allontani.

Il vero progresso nella meditazione si misura in termini di non attaccamento, di accettazione per qualunque cosa stia succedendo in questo momento.

Ed è proprio quel non attaccamento, quell'accettazione, a regalarci poi, nella vita quotidiana, pace e serenità.

In quest'ottica è sempre importante ricordarsi che non esiste una buona meditazione, né esiste una cattiva meditazione.

Ogni volta che ti siedi a meditare, qualunque cosa succeda, stai imparando qualcosa. Sia che la tua mente sia calma, sia che sia agitata. Sia che provi sensazioni piacevoli, sia che provi sensazioni spiacevoli.

Meditare in fondo è molto più semplice di quanto si possa pensare e, per questo, spesso molto più difficile, perché possono essere in realtà tante le incomprensioni e gli errori che si possono commettere.

Inoltre la pratica della meditazione, se affrontata con serietà e impegno, può aiutarti a cambiare molto profondamente e a guarire ferite anche molto profonde.

Meditare vuol dire imparare ad osservarsi profondamente, è un viaggio incredibile e bellissimo dentro noi stessi, nella nostra mente, nelle nostre emozioni. Vuol dire osservare e capire come funzionano i nostri pensieri e come è creata la realtà che percepiamo.

Questo però vuole anche dire che se ti dedichi con costanza alla pratica della meditazione, potresti toccare e smuovere parti molto profonde dentro di te e questo potrebbe portarti a vivere emozioni molto forti e di gestione non facile, specialmente quando riaffiorano ricordi ed emozioni che il tuo cervello ti ha nascosto per tanto tempo per proteggerti, perché all'epoca non avevi le risorse e gli strumenti per affrontarli.

Se hai vissuto dei traumi che non sono stati mai affrontati e risolti, durante la meditazione potresti trovarti a doverli affrontare nuovamente e se non hai il supporto corretto potresti addirittura traumatizzarti nuovamente.

Per questo è fondamentale trovare un istruttore, una guida preparata e capace che ti segua nel processo.

Per cominciare a meditare qualunque strumento va ovviamente benissimo: libri, applicazioni sul cellulare, video online, ma se vuoi approfondire e progredire è molto importante affidarti a persone che sappiano davvero quello che insegnano e che sappiano gestire qualunque situazione.

Anche perché il percorso di consapevolezza e crescita che puoi intraprendere con la pratica della meditazione non è comunque banale ed è facile perdersi fra dubbi ed errori.

Ovviamente questo libro non vuole e non può essere un manuale di meditazione, ma voglio spiegarti brevemente in cosa consiste un percorso di consapevolezza tramite la meditazione mindfulness.

Il primo passo fondamentale, come ho già anticipato, consiste nell'allenarti a riportare la tua attenzione alla realtà presente, liberandola dal controllo dei tuoi pensieri.

Per farlo è necessario prima di tutto trovare la tua ancora, ovvero la sensazione fisica che più di qualunque altra ti aiuta a concentrarti sulla realtà.

L'ancora più comune, che normalmente viene proposta nei corsi, è quella del respiro.

Ci sono moltissimi motivi per cui il respiro rappresenta l'oggetto ideale su cui posare la tua attenzione per ritornare alla realtà.

Il primo è che è ovviamente sempre disponibile. Ovunque tu sia, qualunque cosa tu stia facendo, stai respirando.

Il secondo è che il legame più stretto che hai con la vita che scorre dentro di te ed è probabilmente la cosa più importante in assoluto che stai facendo in questo momento, anche se non te ne accorgi, anche se lo dai per scontato. Ma non lo è, hai l'enorme fortuna in questo momento di poter vivere un altro respiro e un giorno un tuo respiro sarà l'ultimo. Accorgerti che stai respirando vuol dire sentirti viva o vivo, renderti conto che sei un essere vivente, percepire la fisicità e la realtà della tua vita in questo momento.

Il terzo motivo è che quando inizi ad osservarlo attentamente ti accorgi che in realtà l'atto del respirare genera un'infinità di sensazioni diverse. Scopri che ogni singolo respiro è diverso da un altro e che genera sensazioni particolari in tutto il corpo, dalle narici, al labbro superiore, alla pancia, al petto, alla schiena. Ogni respiro, se impari ad osservarlo con la dovuta attenzione, è una sinfonia infinita di sensazioni e di emozioni.

Il quarto motivo è che l'atto del respirare è forse quello che meglio rappresenta il legame fra la nostra mente, la nostra attenzione e il nostro corpo: lo fai costantemente senza accorgertene, ma appena inizi a farci attenzione, ti ritrovi a controllarlo, anche se non lo vuoi. Imparare ad accorgerti del tuo respiro, ad osservarlo e a lasciare che sia come è, senza modificarlo, è un'arte che richiede del tempo per essere padroneggiata, ma è anche la stessa arte che poi ti consente di liberarti dal controllo dei tuoi pensieri e delle tue emozioni.

Infine, il tuo respiro è profondamente e intimamente legato alle tue emozioni. Quando inizi a farci caso, ti accorgi che la qualità del tuo respiro è fortemente influenzata dalle emozioni che stai provando: ad esempio quando ti senti in pace e rilassata, o rilassato, il tuo respiro è calmo, lento, e tende a spostarsi verso il diaframma, la parte più bassa dei polmoni, mentre quando ti spaventi il respiro normalmente si blocca per qualche secondo, quando provi rabbia il respiro si fa più faticoso e si sposta dalla pancia alla parte alta dei polmoni, verso le spalle.

Allo stesso modo, ti accorgi che modificando il respiro puoi influenzare e cambiare l'emozione che stai provando: ad esempio se provi agitazione, fare dei respiri lenti e profondi può sicuramente aiutarti a calmarti.

Per tutti questi motivi normalmente il respiro è la prima ancora che viene suggerita, spesso col suggerimento di iniziare a osservarlo sulla superficie delle narici, concentrandoti a sentire l'aria che entra ed esce. Oppure, altre volte, concentrandoti sulla pancia e sul petto, focalizzandoti sulla sensazione fisica di espansione e contrazione.

Però siamo tutti diversi e quello che funziona perfettamente per una persona potrebbe non funzionare per un'altra. Per cui sta a te capire e scoprire cosa funziona meglio per riportarti alla realtà fisica del tuo corpo: per qualcuno possono essere semplicemente i rumori che sente, per altri la sensazione fisica delle piante dei piedi che poggiano per terra, o dei palmi delle mani.

Quello che conta è trovare un aggancio alla realtà che ti consenta di liberarti dal controllo dei tuoi pensieri.

Per questo, una volta identificata l'ancora che funziona meglio, è importante iniziare ad allenarti ad utilizzarla, ovvero praticare cercando di riportare costantemente la tua attenzione a quella sensazione fisica.

Quando hai imparato questo processo di riportare la tua attenzione alla realtà e di osservarla per quello che è, accettandola senza giudicarla, puoi poi iniziare ad esplorare te stessa o te stesso.

Per prima cosa imparerai ad osservare le tue sensazioni fisiche. Sembra una banalità ma la verità è che normalmente non ci accorgiamo minimamente di quello che succede nel nostro corpo. Reagiamo automaticamente alle sensazioni piacevoli e spiacevoli senza rendercene conto. Imparare ed allenarsi ad osservarle per quello che sono, senza giudicarle e senza reagire è il primo passo fondamentale verso la libertà.

Il passo successivo è imparare ad osservare le tue emozioni, a riconoscerle, a dare loro un nome, di nuovo senza giudicarle, senza cercare di cambiarle.

Infine puoi iniziare a rivolgere la stessa attenzione non giudicante anche ai tuoi processi mentali e ai tuoi pensieri, imparando piano piano a liberarti anche dal loro controllo.

Imparerai durante il processo che il segreto per liberarti di qualunque cosa, sensazioni, emozioni, pensieri è riuscire ad osservarla. Perché nel momento in cui la osservi, smetti di esserne controllato. Puoi pensare alle tue emozioni e ai tuoi pensieri come a un fiume. Finché ci sei immerso, vieni trascinato dalla corrente. Ma se riesci ad osservare il fiume, a mettere distanza fra te e l'acqua, per quanto impetuosa sia la corrente, non ne verrai travolto.

Come detto, tutti i minuti e le ore che passerai seduta o

seduto a meditare non saranno altro che un allenamento per riprogrammare i tuoi processi mentali, le tua reazioni, per riprendere il controllo della tua vita.

Ma come qualunque allenamento, non serve a nulla se poi non viene applicato.

Svegliarsi la mattina e meditare venti minuti non serve a nulla se quando poi ti alzi dal cuscino di meditazione ricominci a perderti nei tuoi pensieri e a vivere come prima.

Sarebbe come fare esercizi per imparare a suonare uno strumento musicale, ma poi non suonare mai nulla, o come fare esercizi per il controllo della palla ma non giocare mai una partita.

Qualunque allenamento è strumentale per imparare a fare qualcosa, ma ha senso solo nella misura in cui poi si fa quella cosa.

Allo stesso modo la pratica meditativa formale da seduti è molto utile perché ti consente di ridurre le distrazioni ed allenarti in un ambiente controllato, rendendo più semplice l'apprendimento.

Un po' come allenare un movimento fisico o una tecnica senza avversari, per rimanere nell'analogia sportiva.

Ma l'obiettivo poi è di imparare ad essere presente nella realtà, senza perderti nei tuoi pensieri e senza farti controllare dalle tue emozioni, applicando quello che alleni da seduto ad ogni singola azione della tua giornata, ad ogni singolo respiro, da quando ti alzi al mattino a quando ti addormenti la sera.

Per cui ogni attività, ogni gesto diventa meditazione: lavare i piatti, camminare, allacciarti le scarpe, guidare l'automobile, mangiare un frutto, fare l'amore.

Ogni istante diventa un'occasione bellissima per aprirti alla realtà, alla magia della vita, alle sensazioni che in ogni momento può regalarti.

6.

Imparando ad osservare le tue sensazioni, le tue emozioni ed i tuoi pensieri troverai una libertà che non hai mai sperimentato prima.

Ma se ti fermerai lì, ti starai perdendo un'occasione incredibile.

Sarà come aver costruito un super-computer quantistico per giocare a campo minato.

Un percorso di consapevolezza profonda è lungo e complesso e difficilmente rientra nei tempi dettati oggi dai media e dalla pubblicità, per cui se è vero che sempre di più oggi si parla di mindfulness e meditazione per stare meglio, è anche vero che normalmente il messaggio si esaurisce nella mindfulness e nella presenza mentale come obiettivo della pratica meditativa.

Ma la verità è che considerare questo strumento come un fine è incredibilmente limitante, perché in realtà più che un fine è uno strumento, uno strumento potentissimo di conoscenza di sé e del mondo intero intorno a noi.

E sono quella comprensione e conoscenza lo strumento ultimo per accedere a un livello di felicità profonda, infinita e incondizionata che è l'obiettivo di tutta la pratica.

La meditazione e la mindfulness non sono il fine, sono strumenti.

Potresti chiederti però a questo punto, visto che l'obiettivo della pratica è la comprensione della realtà, se non sia sufficiente leggere un libro.

Purtroppo no, perché la comprensione razionale non è sufficiente per cambiare profondamente il tuo modo di pensare, anche perché questo vorrebbe dire abbracciare ciecamente qualcosa che qualcun altro ti sta dicendo, e c'è una parte di noi che sa che non è mai una buona idea.

Per cui leggendo tutto quello che scriverò ora potrai pensare che sia più o meno vero, ma in entrambi i casi non cambierà la tua quotidianità e il tuo modo di vedere il mondo fintanto che non vedrai e sperimenterai da te.

E questo, se ci pensi, è una cosa bellissima. Il momento presente e la presenza mentale sono l'unico vero maestro di cui abbiamo bisogno.

Perché riflettere su questi concetti quindi?

Per preparare il terreno e renderlo più fertile, rendendoti conto che tantissime cose che dai per scontate non lo sono per nulla, il che è un passaggio fondamentale per cercare verità differenti da quelle che hai sempre preso per buone.

Ricordo ancora perfettamente la prima volta che mi sono reso conto che i miei pensieri non sono così intelligenti come pensavo che fossero.

Stavo meditando ed era una di quelle volte in cui ti sembra particolarmente difficile farlo. Provi agitazione e la mente genera costantemente pensieri che ti distraggono.

Nello specifico avevo un pensiero fisso legato al mio passato che mi portavo dietro da anni e che quel giorno continuava a tornarmi insistentemente in mente. Una di quelle storie su qualcosa che ci è successo cui ripensiamo giorno dopo giorno tutta la nostra vita.

Quella mattina mi accorsi di quel pensiero e tornai a concentrarmi sul mio respiro. Ma pochi secondi dopo il pensiero ritornò e mi rimisi a pensare a quello che era successo e a come le cose avrebbero potuto andare diversamente. Mi accorsi di nuovo che stavo pensando e tornai a concentrarmi ancora sul respiro.

Ovviamente poco dopo lo stesso pensiero ritornò e di nuovo mi ritrovai perso a rivivere quella storia nella mia mente.

Di nuovo mi accorsi di cosa stesse succedendo e tornai a focalizzarmi sull'oggetto della meditazione.

Questo balletto andò avanti per un po', ma ad ogni giro riuscivo a riprendere il controllo della mia attenzione più facilmente e rapidamente, finché a un certo punto scoppiai a ridere. Mi ero improvvisamente reso conto di quanto la mia mente fosse ottusa. Continuava a ripetermi esattamente lo stesso pensiero come un disco rotto, per suonare una canzone che in quel momento non avevo nessuna voglia di ascoltare. Normalmente avrei seguito il filo dei miei pensieri, senza neanche accorgermene, e trovandoci ovviamente anche una logica, ma ora mi stavo rendendo conto che di logico e di intelligente, in quei pensieri, c'era ben poco.

E così ho iniziato a interrogarmi sempre più attentamente sulla natura dei miei pensieri, con il risultato che mi sono ritrovato sempre di più a prenderne le distanze.

Una prima cosa di cui mi sono accorto e che ho già accennato qualche pagina fa è che i pensieri sono la diretta conseguenza di una sensazione fisica.

Analizziamo con preoccupazione la geopolitica internazionale senza renderci conto che lo stiamo facendo solo perché magari abbiamo un po' di mal di pancia dovuto a quello che abbiamo mangiato ieri. Se ci passa il mal di pancia e stiamo fisicamente bene, ci ritroviamo invece a pensare a come diventerà bello il progetto che stiamo realizzando o quanto sarà bella la vacanza che faremo.

In entrambi i casi, pensiamo che tutto quello che ci raccontiamo abbia perfettamente senso, segua la logica e rappresenti la realtà.

E poi pensiamo che se non siamo sereni e felici sia effettivamente dovuto a quello che è successo o a quello che accadrà, quando in realtà è l'esatto opposto: ci preoccupiamo e ci perdiamo nei pensieri di quello che potrebbe accadere, che noi scambiamo per realtà, solo perché non stiamo fisicamente bene.

La grande verità che spesso dimentichiamo è che quello che noi normalmente consideriamo realtà, altro non è che il prodotto della nostra mente e, in quanto tale, non è poi molto reale.

Ne consegue che se stiamo male, soffriamo, non siamo felici, più che cercare di modificare quella realtà, dovremmo concentrarci su cambiare il nostro modo di vedere il mondo, o meglio, di crearlo.

Ma questo non vuol dire assolutamente abbandonare la nostra razionalità, anzi dal mio punto di vista vuol dire essere estremamente razionali e spingere l'analisi razionale e scientifica fino in fondo.

Vedere i limiti della ragione non vuol dire abbandonarla, ma anzi affidarsi ad essa per definirla e definirne potenzialità e limiti.

Dire che quello che noi chiamiamo realtà non è reale, è l'affermazione più razionale e scientifica che secondo me possiamo fare.

Prova per un momento a pensare a cosa sai del mondo che ti circonda e come l'hai imparato.

Se mi consenti una digressione un po' ingegneristica, partiamo dalle basi.

L'unica interazione che puoi avere col resto del mondo, da quando nasci fino al tuo ultimo respiro, è attraverso i tuoi sensi, i quali altro non sono che dei sensori che generano dei segnali elettrici che arrivano al tuo cervello.

Il tuo cervello elabora quegli impulsi elettrici e sulla base di essi costruisce un modello di rappresentazione di quello che ci circonda.

È fondamentale ricordarsi questo punto, ovvero che quella che noi chiamiamo realtà è un modello astratto generato dal cervello a partire da impulsi elettrici.

Quindi ciò che chiamiamo realtà è reale?

Si e no.

È reale nel senso che in qualche modo deriva ed è legata effettivamente a quello che ci circonda: se prendiamo un sasso in mano e lo lasciamo andare, sappiamo che cadrà verso il basso e non verso l'alto, e addirittura le nostre competenze scientifiche ci dicono anche a quale velocità e con quale forza colpirà il suolo.

Per questo io credo che quando consideriamo quella che normalmente chiamiamo realtà, non possiamo avere altri approcci che non sia il metodo scientifico.

Dire che la realtà non è reale non vuol dire rinunciare a razionalità e scienza e accettare teorie alternative.

Per essere pratico, intendo dire che dal mio punto di vista non esistono leggi o fenomeni paranormali che non siano accettabili in ambito scientifico.

Ma quindi in che senso la realtà non è reale?

Non è reale in quanto si tratta semplicemente di un modello astratto che esiste solo nella nostra mente.

Come dicevamo è generato a partire dai nostri sensori ed è coerente con se stesso e con gli stimoli esterni (addirittura grazie alla scienza e all'esperienza pratica possiamo prevedere quello che accadrà), ma non corrisponde a ciò che genera quei segnali tramite i nostri sensi.

Prova a pensare al mondo visto da un moscerino o da un pesce, ad esempio.

Anche nel loro caso la loro realtà è generata dai sensi ed è costituita da un modello nella loro mente coerente e, in questo senso, vero e reale. Ma quel modello, quel mondo, non hanno nulla a che vedere col nostro.

E nessuno dei tre è più giusto degli altri. Probabilmente il nostro sarà molto più complesso e dettagliato, ma non per questo più reale.

Ma quindi, cos'è che la nostra mente in pratica genererebbe?

Nella sostanza, tutto.

A partire dai nostri sensi. Prendi i colori ad esempio. Il giallo non esiste, così come non esiste il rosso. La luce semplicemente vibra a frequenze diverse e il nostro cervello associa a determinati intervalli di frequenze un colore. È il nostro modo di distinguere queste frequenze, ma per altri esseri viventi quei colori non esistono o sono diversi. E ci sono colori, ovvero frequenze della luce, che noi ignoriamo completamente perché non le vediamo.

Lo stesso vale per i suoni. Non esiste di per sé il suono, se non come concetto astratto. Quello che noi chiamiamo suono altro non è che una serie di compressioni e decompressioni dell'aria intorno a noi, secondo una determinata frequenza.

In pratica, materia in movimento.

Ma anche il piacere e il dolore in realtà sono generati dalla nostra mente.

Se tocchiamo la pentola bollente e ci scottiamo, pensiamo che il dolore che proviamo sia generato dal calore della pentola a contatto con la pelle. Ma non è esatto. Il calore semplicemente è stato percepito da un nostro sensore che, di nuovo, ha inviato un segnale elettrico al nostro cervello. Il quale l'ha interpretato generando dolore, per spingerci a staccare la mano dalla pentola e magari a non rifarlo in futuro.

Sembra ovvio, ma non lo è per nulla.

Quando proviamo dolore, normalmente facciamo di tutto per cambiare le circostanze intorno a noi, sia che si tratti di dolore fisico, sia che si tratti di altri tipi di dolore.

Quasi mai proviamo ad affrontare quel dolore andando alla radice di dove viene generato, ovvero la nostra mente.

Anni fa partecipai ad un ritiro di meditazione di dieci giorni e fu probabilmente l'esperienza che più mi cambiò da quando sono nato.

Credo che imparai di più in quei dieci giorni che durante il resto di tutta la mia vita, ed una delle tante lezioni che mi trovai ad affrontare fu proprio l'esperienza del dolore.

Fin da quando ho cinque anni ho sempre praticato per tutta la mia vita tanto sport a livello agonistico e questo mi ha portato tantissimi benefici sotto tutti i punti di vista, ma anche qualche problema fisico in termini di usura delle articolazioni.

Nello specifico, ho avuto un po' di problemi alle ginocchia e alle anche.

Durante quel ritiro di meditazione l'agenda prevedeva per dieci giorni sveglia alle cinque del mattino e pratica per tutto il giorno fino alla sera con sessioni di circa mezz'ora, con qualche pausa per mangiare e sgranchirsi ma senza comunicare in alcun modo con nessuno.

Dal terzo giorno in poi si aggiungevano le sessioni cosiddette di "forte determinazione", che prevedevano un'ora intera di meditazione senza interruzioni e senza potersi muovere, neanche cambiare posizione.

È sicuramente un tipo di pratica non adatta a tutti e che forse per qualcuno può anche essere fuorviante, ma nel mio caso fu incredibilmente utile per imparare tantissimo.

Dopo la prima mezz'ora immobile seduto su un cuscino a gambe semi incrociate, ricordo che l'anca destra cominciava a farmi molto male e il dolore cresceva poi per i restanti trenta minuti di pratica, fino a raggiungere a volte un dolore molto intenso che facevo molta fatica a sopportare.

In pratica per me quell'ora diventava una vera e propria tortura.

E non c'era modo di sfuggire a quel dolore. A nulla valeva provare a concentrarmi sul respiro o a concentrarmi sul dolore stesso, non c'era modo di farlo sparire.

Finché a un certo punto mi arresi. Il dolore era chiaramente lì per restare e non c'era nulla che potessi fare a riguardo, tanto valeva rilassarmi e aspettare che finisse la tortura.

In quel momento successe qualcosa di decisamente inaspettato. La mia mente iniziò a rilassarsi profondamente e dopo qualche respiro il dolore sparì. In realtà la sensazione fisica era sempre lì, ma non era più spiacevole. Era diventata una sensazione di calore ed era anzi molto piacevole.

Fui molto sorpreso da quel cambiamento e pensai di aver imparato il segreto per controllare le mie sensazioni, per cui cercai di aumentare e prolungare quella sensazione di piacere.

Il risultato fu che di nuovo mi ritrovai a provare forte dolore. Ero sgomento. Non ci stavo capendo nulla, più cercavo di tornare alla sensazione di piacere e di fare sparire il dolore, più questo aumentava.

Mi ci volle qualche altra sessione per capire quel meccanismo: la sensazione fisica, il segnale proveniente dalla mia anca, era sempre quello. Nel momento in cui cercavo di cambiarlo in qualche modo, il mio cervello lo interpretava come dolore e lo trasformava in sofferenza, nel momento in cui lo accettavo per quello che era, senza giudicarlo né cercare di cambiarlo, la sofferenza spariva.

In pratica vedevo chiaramente come fosse la mia mente a generare il dolore, non la mia anca.

Per me fu una rivelazione. Se ci pensi in realtà è un concetto molto semplice e ovvio, ma come dicevo prima la differenza tra il capire e sapere qualcosa e averlo sperimentato è fondamentale.

Saprai bene ad esempio che se vieni sedata o sedato, se sei svenuta o svenuto non provi dolore, anche se il tuo corpo continua a mandare segnali e impulsi al tuo cervello, che però non li elabora.

Questa conoscenza teorica però non ti cambia assolutamente nulla quando provi dolore.

Ma quando vivi direttamente l'esperienza di osservare la tua mente generare piacere o dolore in relazione al suo stato, posso garantirti che il tuo rapporto col dolore, qualunque tipo di dolore, cambia profondamente.

Continuerai a provare dolore ovviamente, ma sarà decisamente più sopportabile e sopra tutto saprai che accettandolo e smettendo di tentare di fuggirgli, sparirà la sofferenza.

Qualcuno ha detto che la sofferenza è data dal dolore moltiplicato per la resistenza che fai allo stesso.

Per cui non puoi eliminare il dolore dalla tua vita, ma se elimini la tua resistenza ad esso, puoi eliminare la tua sofferenza.

Dicevamo però che la mente genera tutto quello che chiamiamo realtà, non solo le nostre sensazioni.

Per capire la portata di questa affermazione occorre riflettere un attimo su come funziona la nostra mente.

La cosa più difficile è riuscire ad uscire dai meccanismi di base del pensiero, e vederli in qualche modo dall'esterno.

Finché ci resti dentro infatti li dai per scontati ed è impossibile capirli.

Il meccanismo più importante da comprendere, dal mio punto di vista, è quello dell'astrazione.

In pratica il pensiero, per funzionare, ha bisogno di concetti astratti che vengono dedotti da quello che percepiamo dai sensi.

La cosa più difficile da capire e da accettare è che quei concetti sono astrazioni della nostra mente e non esistono nella realtà. È contro l'esperienza comune, ma se osservi razionalmente come funziona la ragione stessa, te ne rendi conto.

Prendi ad esempio un qualunque oggetto. Un bicchiere, un telefono, una bicicletta.

Tutto, nella tua mente, ti dice che quell'oggetto esiste, giusto?

E se ti dicessi che invece quell'oggetto è generato dalla tua mente mi prenderesti per matto, corretto?

O forse penseresti che io faccia riferimento a qualche legge trascendentale o a qualche teoria fantascientifica.

Ma nulla di tutto questo. Quello che intendo dire è che in qualche modo l'oggetto che hai in mano in questo momento esiste, lo puoi toccare e lo puoi vedere.

Però non esiste nella realtà in quanto telefono, o libro, quello esiste solo nella tua mente.

La realtà è fatta, semplificando molto, di materia ed energia (o qualunque altra cosa la scienza ci dica che esiste). Se tu smetti di pensare ed astrarre concetti, ti accorgerai che la realtà è tutto un unico ammasso di materia ed energia. Non esiste nella realtà nessun punto in cui un il telefono finisce e inizia il non telefono. Non c'è nulla che indichi che un atomo fa parte del telefono e l'atomo adiacente dell'aria.

E se tu ti mettessi con un microscopio molto potente, ti accorgeresti che quella linea di demarcazione non esiste, se non nella tua mente.

Il fatto è che la nostra mente funziona creando insiemi, tracciando una linea immaginaria nella realtà, e considerando quegli insiemi come oggetti reali separati dal tutto.

Ad esempio quando vai al mare guardi le onde e pensi che effettivamente esistano. Anzi, magari le guardi nascere in mezzo al mare e poi morire, dopo una lunga corsa, sulla spiaggia.

Ma le onde non esistono, non in quanto onda.

Prova a prendere una foto di un'onda e dire esattamente dove finisce l'onda e dove inizia il resto del mare. Non ci riuscirai.

Prendi poi un'altra foto della stessa onda un istante dopo. Quella che stai vedendo nella seconda foto è acqua completamente diversa dalla prima, perché nelle onde, almeno finché non si rompono vicino alla riva, l'acqua non si sposta seguendo l'onda.

In pratica le onde esistono in quanto movimento dell'acqua del mare, non in quanto entità a se stanti.

Poi se vuoi puoi estendere la stessa analisi al mare stesso.

Prova a metterti sul bagnasciuga e definire dove finisce il mare e dove inizia il non mare. Di nuovo, non ci riuscirai, semplicemente perché il mare è una astrazione, tutto quello che vedrai sono molecole che si muovono e si mescolano continuamente.

Se mi hai seguito fin qui intanto ti ringrazio, mi rendo conto che possano sembrare riflessioni complicate e inutili, ma in realtà sono fondamentali, perché in quell'illusione generata dalla nostra mente nascono tutte le nostre sofferenze.

Ma prima di vedere perché, vorrei citarti un altro concetto astratto che a noi sembra molto reale ma non lo è.

Il tempo. Questo punto che scorre su una linea tra il passato e il futuro.

Che il tempo non sia quello che noi pensiamo ce l'ha già spiegato la scienza ormai già poco più di un secolo fa, nello specifico l'ha fatto Einstein con la teoria della relatività ristretta, secondo la quale il tempo non esiste, quanto piuttosto esiste lo spaziotempo.

Ma il nostro cervello non è in grado di pensare al di fuori del tempo, per cui esiste un passato, un presente e un futuro.

Ma è fondamentale capire che non è vero. Passato e futuro esistono solo nella nostra mente, sono solo dei pensieri, sono ricordi e proiezioni, ma nella realtà non esiste alcun passato e non esiste alcun futuro. Esiste solo il momento presente. Ed anche il passato e il futuro esistono solo nel momento presente, essendo pensieri.

Invece normalmente ci perdiamo a rivivere esperienze passate, scambiandole per la realtà passata, quando invece sono solo storie, film dentro la nostra mente. Allo stesso modo spesso viviamo all'interno della nostra mente immaginando il futuro, prendendo quelle storie, quelle immagini, quei pensieri per la realtà che sarà.

Ma cosa implicano questi errori e perché dovrebbero interessarti?

Perché come dicevamo prima sono alla base delle nostre sofferenze e sono il motivo per cui spesso non riusciamo ad essere felici.

Tutte le nostre paure, i nostri rimpianti il nostro dolore sono legati a qualcosa che esiste solo nella nostra mente ma non nella realtà.

La realtà è infinitamente più semplice e bella della nostra ricostruzione mentale, che invece è strutturata per farci preoccupare ed evitare eventuali pericoli.

E se l'illusione del tempo porta con se rimpianti e paure, la più grande e più dannosa illusione è un'altra.

Come dicevamo il confine tra ogni oggetto, ogni cosa e tutto il resto non esiste nella realtà. Ma questo vale per tutto, anche per le persone, anche per te.

Non c'è un punto esatto in cui finisce il tuo corpo e inizia il tuo non corpo. Se prendi un microscopio e osservi la tua pelle ti accorgerai che quel confine non è cosi netto. E non esiste una reale distinzione tra un atomo di idrogeno parte di una tua cellula e l'atomo di idrogeno dell'aria che la circonda. E ti accorgerai anche che ogni istante è diverso.

Tu sei una persona diversa ogni singolo istante.

La materia che costituisce il tuo corpo è diversa ad ogni istante, le tue cellule muoiono ogni frazione di secondo e nuove cellule si formano. I tuoi atomi cambiano ogni istante. Gli atomi di quello che hai appena mangiato stanno ora diventando parte del tuo corpo, mentre altri atomi che già lo compongono stanno diventando parte di altri esseri viventi. Insetti che si nutrono delle tue cellule morte. Zanzare, piante che bevono la pioggia che ieri era acqua che costituiva il tuo corpo ed è evaporata col tuo sudore.

Ed anche la tua forma cambia.

Pensa a quando avevi pochi giorni di vita com'eri, e come sei adesso.

Pensiamo che la vita sia fatta di una seria di passaggi, dall'infanzia, all'adolescenza, all'età adulta, alla vecchiaia. Ma in realtà non ti svegli una mattina che sei adolescente e un'altra mattina che sei adulto. Sei in continuo, costante, cambiamento e ogni frazione di secondo che passa sei una persona diversa.

Ma quindi chi sei?

Se non c'è una distinzione netta tra te e il mondo intorno a te, se sei fisicamente composta o composto in ogni istante da atomi ed energia diversi e disposti in maniera diversa, chi sei tu?

Sei come un'onda del mare. Esisti, sicuramente, ma non in quanto te. Non esiste nessun tu separato dal resto del mondo.

Quel personaggio che pensi ti definisca è solo un'astrazione nella tua mente ed è un'astrazione ancora diversa nella mente di chi ti conosce, ma non sei tu.

Sei parte del tutto, sei una manifestazione, una forma di materia ed energia in costante cambiamento, sei un'onda del mare.

Tu ora sei me ed io sono te, e sei tutto quello che vedi e percepisci intorno a te. Sei il mare, sei il sole, sei gli alberi, sei la mosca che ti ronza intorno.

Sei tutto quello che esiste, come una goccia del mare è, in fondo, il mare stesso.

E come un'onda, quelle che chiami nascita e morte altro non sono che trasformazioni, cambiamenti di forma. Quando un'onda muore, in realtà muore solo nella nostra mente. L'acqua e l'energia che costituivano quella manifestazione sono sempre lì.

Lo stesso vale per la materia e l'energia che costituiscono in questo istante il tuo corpo. Ci sono sempre state e sempre ci saranno.

E questo, di nuovo, lo dice la scienza.

Nulla si crea, nulla si distrugge, tutto si trasforma.

Spero che ora tutte queste parole inizino ad avere un senso anche per te ed inizi ad essere chiara la portata della comprensione di questo concetto.

Quando comprendi che non sei quello che credi, che sei infinitamente di più, che sei tutto il cosmo, che sempre ci sei stata o stato e sempre ci sarai, tutte le tue paure e le tue sofferenze iniziano a perdere senso, come le ombre spaventose che vedevi in camera la notte da bambino e che scomparivano accendendo la luce.

È quello che noi chiamiamo ego, quell'immagine che abbiamo di noi stessi che vediamo costantemente in pericolo e che cerchiamo di difendere in tutti i modi, l'origine di tutta la nostra sofferenza, e di tutta la sofferenza che spesso portiamo nel mondo.

Tutte le guerre, in generale qualunque atrocità commessa nel mondo, sono il risultato del tentativo di proteggere quell'illusione che chiamiamo ego.

Non ho idea a questo punto di cosa tu stia pensando di tutto questo.

Ma sono convinto che se anche stai pensando che in fondo tutto questo è vero, questa convinzione non cambierà la tua vita.

Questo è perché solo vivendo fuori dai tuoi pensieri, solo provando direttamente quell'esperienza di essere fuori dalle etichette e dai limiti del tuo pensiero questi concetti assumono un significato reale e vero e allora si, da quel momento, possono trasformare profondamente la tua vita.

7.

Ma cosa si trova esattamente fuori dalla tua mente, dai tuoi pensieri?

Cosa succede quando lasci andare tutto e resti in ascolto di te stesso, della realtà, della vita dentro e fuori di te?

Cosa c'è fuori dalle tue paura, dalla tua rabbia, dai tuoi rimpianti, dalle tue speranze?

Cosa rimane?

Ti ho già raccontato all'inizio di questo libro della prima volta in cui mi sono sentito profondamente e incondizionatamente felice, ed è arrivato il momento di tornare a parlarti di quel momento.

Quando ti rendi conto che i tuoi pensieri sono solo pensieri, sono storie e film che giri e rigiri nella tua testa, e la tua mente si calma profondamente, inizi a vedere qualcosa di nuovo.

Inizi a vedere l'incredibile bellezza e unicità della vita.

Ti accorgi che ogni respiro è unico, irripetibile e racchiude tutta la magia della vita. Ogni pianta, ogni insetto, ogni animale intorno a te è unico, prezioso e sta condividendo quell'istante con te.

Ti accorgi di quanto possa essere bella la sensazione del sole che ti scalda la pelle, dell'aria che l'accarezza.

Ti rendi conto di quanto la vita sia incredibilmente facile, preziosa e bellissima, fuori dai tuoi pensieri.

E in quella rivelazione, trovi una felicità libera e incondizionata che non credevi possibile.

All'improvviso ti rendi conto di quanto fossero insensate e inutili le tue aspirazioni, i tuoi desideri, di quanto ti allontanassero dalla tua felicità.

Se per provare tutta quella felicità basta sedersi, osservare e sentirsi parte del mondo, che senso ha dannarsi per guadagnare denaro, per dimostrare qualcosa a qualcuno, per cercare l'amore di qualcun altro?

E quanto male ci facciamo tutti ogni giorno inutilmente? Quanto male facciamo a noi stessi, ad altri esseri umani, al nostro pianeta, solo perché nessuno ci ha mai insegnato ad essere felici?

Queste furono sicuramente le prime riflessioni innescate da quel momento di realizzazione di felicità in riva al mare, tanti anni fa.

Avevo la sensazione di aver vissuto per tutta la mia vita come se fossi stato preso in giro, in un immenso inganno.

Ma poi mi accorsi di un grande paradosso: tutta quella felicità, nella sua incredibile semplicità, era tutt'altro che banale da raggiungere.

Nei giorni successivi notai che più mi sforzavo di ritrovarla, più si allontanava.

Che poche ore dopo averla provata, tornavo a immergermi e farmi travolgere dai miei pensieri, a perdermi nella storie della mia mente, in sogni e paure di quello che credevo il futuro e nei rimpianti di quello che chiamavo passato.

Col tempo imparai a conoscere sempre meglio la mia mente, i suoi meccanismi, e capii che insoddisfazione e sofferenza sono meccanismi fondamentali del suo funzionamento.

Più imparavo ad osservarla e a conoscerla, più mi liberavo dal suo controllo, meno la giudicavo.

E più imparavo a vederla in me, più la ritrovavo nei volti e nei comportamenti delle persone intorno a me.

Osservando ogni mio pensiero, ogni mia emozione, ogni mia reazione mi accorgevo che dietro ogni gesto o parola aggressiva verso qualcun altro non c'erano altro che paura e sofferenza.

In alcuni casi una paura chiara e facile da riconoscere: paura di essere ferito, fisicamente ma molto più spesso emotivamente.

In altri casi la paura era molto più sottile e indiretta.

Paura di non valere abbastanza, di non essere degno di rispetto e amore.

Hai mai provato a chiederti ad esempio perché ti arrabbi se qualcuno ti manca di rispetto e non ti tratta come credi di meritare?

Perché quelle sue parole e quelle sue azioni ti feriscono così tanto?

Se ti osservi a sufficienza, ti accorgerai che il motivo non è altro che la paura che l'altra persona abbia ragione a mancarti di rispetto.

Hai paura di non valere abbastanza, hai paura di non meritarti un trattamento migliore, perché probabilmente così ti hanno insegnato da bambina o da bambino.

Ti hanno insegnato che rispetto e amore vanno meritati, o comunque sono condizionati a qualcosa, alle tue azioni ma ancora di più ai tuoi risultati.

Ti hanno insegnato magari che se ti comporti bene i tuoi genitori sono contenti e ti vogliono bene, ma se piangi e fai i capricci sei debole e noioso e non meriti il loro amore.

Ti hanno insegnato che se vai bene a scuola sono fieri di te, o magari sono fieri di te se sei la migliore o il migliore della classe, o se vinci una gara sportiva.

Per cui oggi sei disposta o disposto a qualunque cosa pur di raggiungere un ruolo sociale, o uno stipendio, per cui i tuoi genitori sarebbero fieri di te.

O magari ti hanno zittito perché in quanto bambina o bambino non dicevi cose sufficientemente interessanti e intelligenti per loro, per cui ogni volta che qualcuno non ti ascolta con attenzione, o ti interrompe, ti arrabbi molto, perché da qualche parte dentro di te hai paura di non essere sufficientemente intelligente.

Purtroppo gli esempi sarebbero infiniti, perché infiniti sono i modi in cui i genitori, spesso in buona fede, umiliano i propri figli e li manipolano condizionando il loro amore e rispetto ad azioni e comportamenti.

Ogni schiaffo, ogni ricatto emotivo, ogni mancanza di rispetto è una ferita che ci portiamo dentro e che ci fa scattare ogni giorno e reagire con rabbia e aggressività ai comportamenti degli altri.

E purtroppo finché non riusciamo a vedere e capire tutto questo, a osservarlo senza reagire, siamo schiavi di quelle paure e reagiamo senza poter scegliere, le nostre azioni non sono davvero libere.

Osservandoti a sufficienza, ti accorgi che dietro ogni tua parola, pensiero o azione aggressiva, altro non c'è che paura di non valere abbastanza, di non meritare amore.

E quando vedi ripetutamente questi meccanismi dentro di te, inizi a vederli in qualunque altro essere umano intorno a te.

Dal padre o dalla madre che dà uno schiaffo al figlio per strada, al truffatore di cui leggi sui giornali, all'amico o al tuo partner che si comporta male con te, all'omicida, al politico o al dittatore che scatena una guerra.

Non c'è azione umana che faccia del male ad altri, per quanto efferata e deprecabile, che non scaturisca dalla paura e dalla sofferenza.

E osservando te stesso e gli altri, ti rendi anche conto che tutte quelle azioni non sono frutto di una scelta consapevole, ma del tentativo vano di allontanare quella paura e placare quella sofferenza.

Capisci che nessuno è davvero libero finché non è consapevole e ti accorgi però che quando sei consapevole e profondamente felice non scegli mai di fare del male ad altri.

Sono paura e sofferenza a generare rabbia e ulteriore sofferenza.

La felicità incondizionata genera amore ed altra felicità.

Prova a osservarti la prossima volta che stai male, e cerca di vedere quali pensieri generi la tua mente, quali reazioni.

Poi fai lo stesso quando sei felice.

Poi prova a chiederti se scegli davvero di stare male e soffrire o se, se sapessi come fare, sceglieresti felicità e amore.

Ora prova a chiederti se questa riflessione non possa essere applicata ad ogni altro essere vivente.

Con questa consapevolezza, piano piano smetti di provare paura ed odio o rancore verso altre persone.

Sai che sono parte dell'universo insieme a te, che sono te e tu sei loro, che possono farti del male, anche tanto male, ma non possono davvero distruggere la tua felicità, perché quella dipende da te, e che stanno solo cercando di smettere di soffrire, anche se lo fanno in un modo che non funziona, e anzi porta solo altro dolore e sofferenza nel mondo, a loro stessi e a gli altri.

Quando riesci a vedere tutto questo e quando sai che nessuno può davvero privarti della tua felicità, per quanto male possano farti, non puoi che provare amore e compassione per qualunque essere umano, per qualunque essere vivente.

Ti rendi conto dell'assurdità e dell'insensatezza di tutto il dolore che viene generato ogni giorno, delle guerre, della fame nel mondo, della distruzione della vita della nostra madre terra.

Tutto perché troppe persone ancora non sanno amare se stesse davvero, in maniera incondizionata, ed essere felici.

Se in questo momento stai pensando che ho scritte cose non vere, ti capisco.

Mi rendo conto che finché rimane da qualche parte dentro di te paura e sofferenza, amare ogni altro essere umano ti sembra impossibile. Lo so, perché l'ho osservato succedere dentro di me tante volte.

Ma posso garantirti che quando la paura scompare, quando tutti quei pensieri scompaiono, quando riesci a vedere l'incredibile magia della vita dentro e fuori di e provi gratitudine per il solo fatto di essere viva o vivo e di poter respirare, l'unico desiderio che ti resta è che chiunque possa trovare quella pace e quell'amore.

Ma il problema è che spesso però l'amore viene confuso con altro.

Purtroppo normalmente cresciamo convinti che sia necessario giudicare, e questo è probabilmente molto vero sopra tutto nella nostra società occidentale, per ragioni storiche.

Fin da quando nasciamo i nostri genitori ci insegnano a giudicare qualunque cosa, qualunque essere vivente.

Ogni persona viene etichettata come buona o cattiva, brava o incapace, intelligente o stupida.

Siamo così convinti che sia una divisione naturale dell'esistenza e del mondo che non ci viene neanche il dubbio che esista una terza via.

Di qualunque argomento si parli, se qualcuno ti chiede cosa ne pensi, ti senti automaticamente chiamata o chiamato a giudicare, ovvero a condannare o a giustificare, a dire da che parti stai.

Ma una terza via esiste, ed anzi è quella sicuramente più sensata: la realtà è incredibilmente più complessa di quello che puoi pensare e sapere e ha molto più senso non giudicare piuttosto che farlo.

Ma se dico che provo amore per un dittatore che causa incredibile dolore, sofferenza e morte a milioni di persone, probabilmente ti faccio paura.

Paura che quell'amore voglia dire giustificare, che voglia dire accettare passivamente quella sofferenza e quelle azioni.

Paura che se lasciamo andare l'odio, non saremo più in grado di difenderci.

Ma non è così.

Capire e osservare non ha nulla a che vedere col giudicare, così come provare amore e compassione.

Nel dittatore io vedo la sofferenza da cui cerca di fuggire, nel suo disprezzo per la vita io vedo il suo disprezzo per se stesso, l'incapacità di vedere l'incredibile bellezza della sua vita, nelle sue azioni l'incapacità di essere felice, e sono convinto che, se solo sapesse come fare ad essere davvero felice, si comporterebbe in maniera completamente diversa.

In lui vedo me stesso, vedo la sofferenza che è parte della vita.

Ma questo non mi impedisce di condannare le sue azioni, non mi impedisce di lottare per un mondo migliore, non mi impedisce di difendermi.

Non serve l'odio per combattere, anzi l'amore è una motivazione infinitamente più potente, lucida e intelligente.

E l'amore per tutto e per tutti è anche il più grande regalo che puoi fare a te stessa o a te stesso.

Perché nel momento in cui poni condizioni all'amore, le stai imponendo anche all'amore per te.

Se pensi che sia necessario comportarsi bene per meritare amore, penserai anche che sicuramente almeno qualche volta nella tua vita non sei stato degno di amore, perché sicuramente la tua sofferenza ti ha portato in qualche modo a fare del male ad altri.

Se pensi che sia necessario fare qualcosa per guadagnarsi il rispetto, ad esempio realizzare qualcosa in ambito lavorativo, sportivo, umano, o in generale in qualunque contesto ti venga in mente, sicuramente penserai che puoi anche esserti in qualche modo guadagnato quel rispetto, ma avresti comunque potuto fare di più, altri hanno fatto di più e quindi valgono più di te, e dovrai continuare a farlo in futuro, senza commettere errori.

La verità è che ogni volta che disprezzi qualcuno per qualunque motivo, stai disprezzando te stesso come essere umano.

E in realtà lo fai anche quando ammiri qualcuno per qualcosa che ha fatto.

Ogni volta che giudichi un altro essere umano, stai dicendo a te stesso che anche tu devi sottostare allo stesso giudizio.

Ma quel giudizio è l'origine di tutte le tue paure, di tutte le tue ansie, di tutte le tue sofferenze.

Non puoi amare in maniera incondizionata te stessa o te stesso se non ami in maniera incondizionata ogni altro essere umano.

Qualunque condizione tu ponga, stai limitando l'amore per te.

Ma quando lasci andare paura e odio verso gli altri, automaticamente guadagni pace e serenità, impari ad accettare i tuoi errori, quelli che hai fatto e quelli che farai, perché sai che il tuo valore come essere umano non dipende da quello che fai.

Impari che qualunque tuo pensiero, qualunque tua azione rivolta ad altri ha come prima conseguenza un impatto su di te, sulla tua mente, sul tuo benessere, sulla tua serenità e sulla tua felicità.

Ogni volta che fai del male a qualcuno, stai trattando male te stesso, perché stai implicitamente dicendo a te stessa o te stesso che anche tu, in quanto essere umano, non meriti di essere trattato poi meglio.

Stai anche alimentando la tua paura, quindi il tuo odio, quindi la tua sofferenza. Nella tua mente da qualche parte resterà sempre il ricordo del male che hai fatto e aumenterà il disprezzo che hai per te, anche se non te ne rendi conto.

Ogni volta che menti stai dicendo a te stessa o te stesso che c'è qualcosa di sbagliato in te o nella realtà, che la trasparenza e la sincerità non hanno valore e che non te le puoi aspettare dagli altri, in pratica che non puoi fidarti di nessuno. Stai dicendo a te stesso che ottenere quel qualcosa per cui stai mentendo vale di più della tua integrità e della tua serenità, perché mentire richiede tantissima energia.

Essere trasparenti è una incredibile liberazione. Vuol dire accettare la realtà e noi stessi per quello che siamo, vuol dire liberarci dal giudizio degli altri, vuol dire rivendicare il nostro diritto di sbagliare senza per questo essere giudicati.

Allo stesso modo, ogni volta che fai del bene a qualcuno, senza aspettarti nulla in cambio, né da lui né da nessun altro, stai facendo un regalo a te.

Perché stai dicendo a te stessa o te stesso che anche tu, in quanto essere umano, meriti di essere trattato con amore e gentilezza.

Stai anche dicendo a te stesso o te stessa che hai di più di quello di cui hai bisogno e che puoi regalarlo ad altri.

Spesso si pensa che fare del bene agli altri sia la conseguenza di un animo generoso che rinuncia a se stesso per gli altri, che le persone altruistiche sacrifichino se stesse e per questo siano da ammirare e prendere ad esempio.

Io penso non sia così.

Le persone davvero generose sono persone più felici delle altre. Sono persone che hanno trovato amore, pace e felicità dentro di loro, che sono consapevoli di tutte le fortune che hanno e che vedono la sofferenza negli altri e per questo si adoperano per loro, per aiutarli a stare meglio.

E sanno anche che condividere ed aiutare è anche il modo migliore per stare bene.

Quello che normalmente viene chiamato sacrificio, per chi dona mosso da amore e gratitudine è semplicemente un'opportunità per rendere questo mondo un posto migliore, e stare bene e in pace con se stessi.

Se non ti è mai capitato, ti invito a provare una volta a fare un gesto per aiutare qualcun altro, senza che nessuno possa saperlo.

La cosa più importante poi è osservare attentamente le tue

emozioni e notare come quel gesto ti ha fatto sentire.

Ti potresti accorgere che quel gesto d'amore fa più bene a te che a quella persona.

Ed è importante ricordartene, quando le cose vanno male.

Perché a volte è davvero difficile provare amore.

Quando soffriamo, quando abbiamo paura e ansia e la nostra mente produce un vortice di pensieri negativi, è difficile trovare dentro di noi la pace e l'amore per noi e per gli altri.

Ma ci sono cose che possiamo fare per ritrovarlo.

La prima è sicuramente tornare al momento presente e alla realtà delle emozioni che stiamo provando.

La seconda è quella di generare tenerezza e amore dentro di noi.

Può sembrare impossibile farlo, perché l'amore può essere visto come un'emozione come tutte le altre, come la rabbia, la paura, e quindi impermanente e incontrollabile.

Ma non è esattamente così.

Puoi provare rabbia ed imparare ad osservarla con amore e tenerezza. Puoi avere paura, provare dolore ed allo stesso tempo provare amore per te e per il resto del mondo.

Perché essere presente e consapevole delle tue emozioni e dei tuoi pensieri non basta per trovare pace, serenità e felicità.

Quello che fa davvero la differenza per te e per il mondo è l'amore, la tenerezza.

Io credo che la storia ci abbia insegnato che non sarà l'intelligenza a salvare l'umanità.

Se sei mossa o mosso da paura, rabbia, risentimento, essere intelligente ti renderà solo più infelice e più pericoloso.

E credo che non saranno neanche lo studio e la cultura a salvarci.

Alcune fra le peggiori atrocità mai perpetrate dall'umanità sono state originate in paesi altamente scolarizzati e con culture considerate molto avanzate.

Quello che fa davvero la differenza, nella vita di una persona così come per l'umanità tutta, è l'amore, la comprensione, la dolcezza e la tenerezza verso se stessi, in quanto esseri umani, e quindi verso chiunque altro.

Non sempre però questo amore nasce spontaneo. Quando hai paura, stai male e soffri è difficile trovare amore e tenerezza, perché per farlo hai bisogno di spalancare il cuore, che invece si chiude in pareti sempre più dure e resistenti per potersi difendere e cercare di non essere ferito.

Ma è quella stessa anestesia che ci procuriamo per non soffrire, ad impedirci di amarci, amare ed essere felici.

Per questo il gesto più altruistico che puoi fare è concentrarti sulla tua felicità e sulla tua serenità.

Perché solo quando riuscirai a spalancare il tuo cuore potrai portare davvero amore a chi ti sta intorno.

Come per tutto, anche se a volte è difficile e non viene spontaneo, puoi allenarti a farlo.

Puoi allenarti ad aprire il tuo cuore, puoi allenarti a guardare con amore le tue emozioni, i tuoi pensieri, qualunque essi siano.

Puoi allenarti a vedere le stesse emozioni nelle altre persone.

Puoi allenarti a ricordarti che sei parte del tutto, che sei una manifestazione bellissima della vita, come chiunque altro, e a desiderare la pace e la felicità per te, per tutti, perché la pace del mondo è la tua pace.

Un allenamento molto efficace è, di nuovo, la meditazione.

Una meditazione specifica, per cui ti fermi per un attimo, ti siedi e ti senti parte del mondo, ti auguri con amore di trovare pace e serenità e lo auguri poi a qualunque essere vivente, dalle persone vicine a te che ami, a quelle lontane e che ti fanno più paura o provocano in te rabbia e sdegno, fino a trovarti completamente in pace con te e con tutto il resto del mondo.

8.

C'è un altro strumento incredibilmente efficace per far crescere dentro di te amore e felicità: la gratitudine.

Se anzi dovessi indicare un unico super-potere per imparare ogni giorno a stare meglio ed essere più felice, credo sarebbe la gratitudine.

Essere grata o grato per quello che hai e per quello che vivi è l'unico modo per essere davvero ricca o ricco, fortunata o fortunato.

Perché tanto non avrai mai abbastanza ricchezze per sentirti soddisfatta o soddisfatto, non avrai mai raggiunto un ruolo sociale sufficiente, non ti sentirai mai bella o bello o intelligente abbastanza per godere di quello che hai, finché non cambierai il tuo atteggiamento, non ti fermerai un attimo e non deciderai di apprezzare quello che hai e dove ti trovi in questo momento.

Ci sarà sempre un posto più bello da un'altra parte, una persona migliore con cui stare, un lavoro più prestigioso, un conto in banca più grande, uno stato di salute migliore, un aspetto fisico più rispondente al canone estetico che ti dai.

Quello che fa davvero la differenza non è quello che hai o fai, dove ti trovi, con chi stai, ma come guardi questo momento, il tuo punto di vista.

Se pensi di essere sfortunata o sfortunato, se pensi che se potessi cambiare qualcosa della tua vita, allora si che potresti essere felice, ti stai illudendo.

Ma ci sono due punti che credo sia molto importante chiarire.

Il primo è che prestare attenzione alla fortuna che già hai non vuol dire ignorare i problemi, non vuol dire accontentarti o illuderti. Vuol dire semplicemente essere cosciente della realtà.

Perché la realtà è che sicuramente hai tanti motivi per essere scontenta o scontento, per provare rabbia, frustrazione, rammarico, paura, ma hai anche sicuramente tanti motivi per sentirti fortunata o fortunato, soddisfatta o soddisfatto.

Prova a pensarci un attimo e ad elencare tre buoni motivi per cui, nonostante tutto, in questo momento puoi ritenerti fortunata o fortunato e puoi provare gratitudine e, già che ci sei, prova a scriverli.

Se proprio non ti è venuto in mente nulla, voglio provare a fartene notare alcuni.

Perché il fatto è che le più grandi fortune della tua vita, quelle che davvero fanno la differenza, le hai già.

Purtroppo però normalmente non te ne accorgi, perché la tua mente ti nasconde tutto quello che non vedi cambiare.

Se quindi sei nata o nato con una grande fortuna, normalmente non te ne rendi conto. Se hai avuto una grande fortuna, dopo qualche settimana, qualche mese o qualche anno smetti di notarlo.

Inoltre spesso siamo stati cresciuti con l'idea, che ti viene anche ripetuta da pubblicità e video online ogni giorno, che non otterrai nulla di valore se non provando fatica.

No pain, no gain.

Ma in realtà è un concetto molto sbagliato, anche se muove forse da una motivazione sensata, ovvero che spesso devi accettare la fatica e il disagio se vuoi realizzare ed ottenere qualcosa.

E' sbagliato prima di tutto perché non è vero, perché in realtà le più grandi fortune della tua vita non dipendono da te, e poi perché è una mentalità che ti impedisce di godere di tutto quello di bello che la vita ha da offrire, cercando invece di soffrire il più possibile per ottenere una qualche soddisfazione.

Ad esempio in questo momento stai respirando e probabilmente non te ne stai accorgendo.

Ti sembrerà una banalità, ma in realtà è l'azione più importante che puoi compiere in qualunque momento della tua vita, ed è tutt'altro che scontata. Tantissime persone in questo momento hanno appena smesso di respirare e posso assicurarti che per loro un altro respiro sarebbe l'unica cosa che conta davvero.

In questo momento stai leggendo o ascoltando questo libro, il che significa che hai due occhi o due orecchie che funzionano e che ti consentono di vedere e sentire la vita e il mondo intorno a te.

Di nuovo, è tutt'altro che banale e scontato. Se ci pensi bene anzi è una fortuna incredibile.

Tantissime persone non hanno questa fortuna.

Prova a immaginare che qualcuno ti offrisse qualunque somma di denaro ti venga in mente, ma ti chiedesse in cambio di rinunciare alla tua vista e al tuo udito.

Accetteresti?

Immagino di no, il che significa che in questo momento hai già qualcosa che vale di più di qualunque ricchezza al mondo.

Ma le tue fortune non finiscono qui.

Probabilmente oggi hai mangiato e potrai mangiare anche domani.

Ti sembrerà banale ma, di nuovo, non lo è per niente.

Gli esseri umani per millenni hanno lottato contro la fame e purtroppo ancora oggi ci sono aree del mondo in cui si muore, di fame.

Probabilmente sei in grado di leggere, il che vuol dire che hai avuto la possibilità di studiare, probabilmente hai un cellulare, puoi usare un computer, puoi spostarti nel mondo.

In pratica, hai già vinto la lotteria. Anzi, l'hai vinta più volte di fila.

Ma quindi?

Non so cosa tu stia pensando in questo momento, ma c'è una buona probabilità che da qualche parte della tua mente questo discorso ti dia fastidio.

Il secondo punto è proprio questo, e hai ragione.

Perché spesso, anzi quasi sempre, da queste premesse ti viene presentata poi la conseguenza sbagliata: non hai proprio diritto di lamentarti e, se lo fai, sei semplicemente ingrata o ingrato e dovresti vergognarti.

Ma non è assolutamente vero.

Hai tutto il diritto di lamentarti.

Se in questo momento stai male per amore, per un problema di salute, per un problema al lavoro o per qualunque altro motivo, o anche per nessun motivo specifico, hai tutto il diritto di farlo.

La tua emozione non è sbagliata, come nessuna emozione, non dovresti mai e poi mai vergognartene, né cercare di cambiarla.

Perché non è così semplice e le tue emozioni non dipendono effettivamente dalle fortune esterne che hai.

Cercare di reprimere la tua sofferenza, di negarne il diritto ad essere, è il modo migliore per aumentarla.

Ma il punto fondamentale è proprio questo: non è una questione di diritto a stare male, o se sia giusto o sbagliato farlo.

Il punto è cosa ti convenga fare.

Lamentarsi è un istinto naturale e in qualche modo è vero che ti fa star bene.

Guardare in faccia e dare voce alla tua paura, alla tua rabbia, alla tua sofferenza è il primo passo fondamentale per non farti controllare da esse, ma se rimane l'unico passo che fai, non andrai lontano.

Continuare ad alimentare quelle emozioni rimuginando e tenendo fissa la tua attenzione su tutti i pensieri da esse generati, semplicemente ti fa perdere la vita e tutto quello di bello che ha da offrire.

Perché per quanto gravi e dolorose possano essere le cose che ti fanno stare male, ce ne sono altre di bellissime di cui puoi sempre godere.

La scelta è tua, ma è importante prendere coscienza del fatto che dipende da te e purtroppo nella realtà la tua sofferenza non ti fa accumulare crediti che qualcuno un giorno salderà.

Se passi tutta la tua vita a lamentarti, concentrandoti su quello che va male e ignorando tutte le cose belle che ti succedono, semplicemente alla fine ti sarai persa o perso il bello della vita.

Ma quindi se la gratitudine è una scelta, come puoi fare ad esercitarla?

Prima di tutto accettare il fatto che hai già delle grandi fortune, anche se non riesci a provare gratitudine per esse, è un ottimo punto di partenza.

Perché ti insegna molto su come funziona la tua mente e ti aiuta a spostare la tua attenzione dal mondo esterno e dalle gratificazioni esteriori, al tuo atteggiamento mentale.

Puoi dedurne che non sarà cambiare le condizioni esterne a farti stare bene, perché se prendi coscienza che hai già tantissimo e non te ne accorgi neanche, cosa ti fa pensare che aggiungendo qualcos'altro finalmente starai bene?

E poi, come abbiamo già detto nei capitoli precedenti, è solo questione di allenamento.

Devi fare una scelta consapevole e poi agire sulla base di quella scelta.

Devi renderti conto che hai grandi fortune e cose invece che vorresti diverse. Ed è giusto e normale che sia così.

La tua scelta è: su cosa preferisci concentrarti? Cosa ti farà stare meglio?

Se decidi di concentrarti su quello che già hai, puoi allenarti a farlo.

Ad esempio un ottimo metodo è quello di tenere un diario della gratitudine: ogni sera prima di andare a dormire puoi scrivere tre cose per cui puoi sentirti grata o grato oggi.

Il solo fatto di pensarci e di metterle per iscritto ti aiuterà a abituarti a vederle.

Puoi abituarti, quando ti svegli la mattina, prima ancora di scendere dal letto e di fare qualunque altra cosa, a notare che stai respirando, che sei viva o vivo e che hai la fortuna di avere un'altra giornata davanti a te.

Quando incontri qualcuno, puoi abituarti a riconoscere l'unicità di quell'incontro, a ricordarti che non è per nulla scontato, che potrebbe essere l'ultimo e che sei fortunata o fortunato a poterlo vivere.

Prima di mangiare o bere qualcosa, puoi abituarti a fermarti un attimo e a ricordarti la fortuna che hai a poterlo fare.

A renderti conto di quante ore di sole e pioggia e lavoro da parte di un albero ci sono volute per generare quel frutto che hai fra le mani. Quanto lavoro di altri esseri umani per coltivare e trasportare quel cibo fino al tuo tavolo.

Ma c'è anche un altro modo che può aiutarti a renderti conto della fortuna che hai.

In parte l'ho già accennato prima, ma merita di essere approfondito.

Per farlo, voglio raccontarti di una cosa che mi è successa anni fa e che mi ha insegnato moltissimo.

Fin da quando sono bambino, c'è una regola che mi ha insegnato mia madre cui mi sono sempre attenuto: se qualcuno ti chiede del cibo, tu daglielo.

Vivendo in una grande città praticamente ogni giorno incontro persone per strada che mi chiedono del denaro, magari in cambio di oggetti di cui non saprei che fare, per cui spesso ringrazio ma declino l'offerta.

Ma la regola che mi insegnò mia madre e che mi piace tramandare ai miei figli mi impone invece di offrire del cibo a chiunque lo chieda e mi dica che ha fame.

Una sera ero per strada dopo un aperitivo con amici quando mi avvicinò un uomo chiedendomi se potevo aiutarlo.

Gli chiesi di cosa avesse bisogno e mi spiegò che era in Italia per lavorare come muratore, ma quella settimana, pur avendo lavorato, non era stato pagato e non sapeva che fare.

Ricordo che pensai che mi stesse raccontando una storia inventata giusto per avere dei soldi, quindi lo salutai e feci per andarmene, quando sentii che mi disse che aveva fame.

Gli proposi allora di offrirgli la cena e i suoi occhi si illuminarono.

Entrammo in una pizzeria a pochi metri da dove ci trovavamo e gli chiesi di ordinare la pizza che volesse, spiegando al cameriere che avrei pagato io.

Lui ordinò una margherita e dell'acqua e gli chiesi se non volesse invece una birra.

Lui arrossì e mi disse che non voleva approfittarsene. Dopo averlo convinto ad accettare anche una birra, rimasi con lui ancora qualche minuto, in cui mi raccontò un po' della sua vita, dei suoi figli lontano dall'Italia per cui stava lavorando, ma sopra tutto in cui mi chiese in tutti i modi come potermi restituire il denaro una volta che l'avesse avuto.

Ovviamente gli dissi che non ce n'era bisogno e alla sua insistenza gli suggerii, se era grato per quella pizza, di restituire il favore alla prossima persona che gli avesse mai detto che aveva fame.

Ci salutammo e tornai a casa, lasciandolo alla sua pizza e birra.

Arrivato a casa tirai fuori dal frigorifero la mia cena. Non ricordo esattamente che cosa fosse, ma erano sostanzialmente avanzi dalla sera prima.

Quello che ricordo è che fu la cena più buona di tutta la mia vita.

All'improvviso mi ero roso conto di una cosa banale e che dal punto di vista razionale già sapevo, ma che non avevo mai davvero compreso fino a quel momento.

In quell'esatto istante in una città come Milano c'era tantissima gente che aveva fame e che non aveva modo di poter mangiare.

E una di quelle cose che sappiamo tutti, che leggiamo sui giornali ogni giorno, ma di cui veramente non capiamo il senso finché non ce lo troviamo davanti.

Quella sera guardai il mio piatto e mi sentii infinitamente ricco, fortunato e grato.

Ero così fortunato che era la prima volta che me ne accorgevo. In tutta la mia vita mai una volta mi era capitato di non aver la possibilità di mangiare.

Osservai attentamente il cibo, per la prima volta lo vedevo reale davanti a me.

Ricordo che mangiai lentamente, gustando ogni singolo boccone, osservandone attentamente il sapore e l'odore.

Concentrandomi solo sul cibo, mi accorsi di quanto in realtà fosse buono, di quanto ogni boccone fosse un'esperienza unica.

Finita la cena, mi trovai a riflettere su una cosa cui non avevo mai effettivamente pensato prima: offrendo la cena a una persona che aveva fame le avevo probabilmente fatto un bel regalo.

Ma quel regalo era nulla a confronto del regalo che avevo fatto a me stesso.

Mi ero regalato la migliore cena della mia vita e probabilmente anche tante altre a seguire.

Mi ero regalato una grandissima ricchezza e una infinita fortuna.

C'erano già prima, certo, ma prima non le vedevo e per me non esistevano.

Quel giorno ho capito che donare agli altri, se fatto in maniera disinteressata e non dovuta, è prima di tutto un regalo per noi stessi ed è il modo migliore per sentirci ricchi, fortunati e grati per tutto quello che abbiamo.

Ogni volta che vado a donare il sangue non riesco a non pensare a quanto sono fortunato ad essere sano e in grado di donarlo, piuttosto che aver bisogno di riceverlo e a quanto sia bello poter fare così tanto per un'altra persona con così poco.

Ogni volta che regalo qualcosa a qualcuno che ne ha bisogno, non riesco a non pensare a quanto sono fortunato a poterlo regalare e a non aver bisogno che qualcuno lo regali a me.

La cosa bella è che non occorre essere ricchi per poter donare.

Donare il sangue è gratis, donare il proprio tempo è gratis.

E donare è forse il modo migliore per renderti conto della fortuna che hai.

Se non ci credi, prova.

Regala qualcosa a qualcuno e poi osserva attentamente come ti senti.

Potresti accorgerti anche di un'altra conseguenza cui forse non hai mai pensato.

Quando si parla di gratitudine, spesso si pensa che apprezzare quello che già hai voglia dire accontentarti.

Spesso si pensa che vivere nel momento presente e riuscire ad apprezzarne la magia e la bellezza sia un limite al miglioramento e che per cambiare le cose, per fare grandi cose, sia necessaria l'insoddisfazione a motivarti.

Io ad esempio l'ho pensato per tantissimi anni della mia vita.

Pensavo che solo chi è insoddisfatto, chi non si accontenta mai, chi ha fame di successo possa raggiungerlo e realizzare qualcosa di importante.

A un certo punto però mi sono accorto che si trattava di

una cultura tossica, di retorica proposta da guru della crescita personale, da imprenditori che avevano costruito un'immagine artefatta di cosa fosse il successo e di come raggiungerlo.

Poi ho iniziato a ridefinire il concetto di successo, a smettere di dare per scontato quello che mi avevano insegnato, a capire cosa mi facesse davvero felice e a iniziare a definire quello come successo.

Osservando me stesso ho capito che non sono i risultati a dare un senso al lavoro ma è il lavoro stesso.

Perché quando raggiungi un traguardo la soddisfazione è effimera. Puoi lavorare per mesi, anni per ottenere qualcosa e per quanto sia bello quando ci arrivi, dopo poche settimane la soddisfazione e la felicità sono già svanite lasciando spazio a un senso di vuoto, se nel frattempo non ti sei dato un altro obiettivo ancora più ambizioso.

Ma a che serve darti un altro obiettivo se mentre lavori per raggiungerlo non ti godi e non ti vivi il viaggio?

Ho imparato quindi a fare degli obiettivi uno strumento per organizzare il viaggio, non lo scopo.

E ho imparato che posso fare tantissimo senza avere il bisogno di raggiungere determinati obiettivi, ma partendo dalla gratitudine per quello che ho e dal piacere di realizzare qualcosa.

Ho imparato a concentrarmi completamente su ogni piccolo passo, su ogni mattone che pongo invece che sul sogno della casa che forse un giorno avrò costruito, godendomi il lavoro qui ed ora, grato di poterlo fare.

Ho scoperto che la gratitudine può essere un motore potentissimo di azione e cambiamento.

Nel mio caso, mi sono anzi accorto che è un motore molto più potente e molto più costante del desiderio di vedere realizzato qualcosa, del senso di incompletezza e insoddisfazione che in passato mi ha spinto a costruire progetti per il futuro.

E' molto più potente e costante perché è infinitamente più resiliente alle difficoltà.

Ad esempio in questo momento sono le cinque e mezza del mattino e sto scrivendo questo libro, come faccio ogni giorno da ormai più di un anno.

Mi sveglio ogni mattina alle cinque, medito, scrivo e realizzo video su mindfulness e meditazione che pubblico quotidianamente.

Il motivo per cui faccio tutto questo è molto semplice: sono infinitamente grato per tutte le fortune che ho, sono grato a tutte le persone che prima di me hanno scritto i libri e pubblicato i video che mi hanno ispirato, mi hanno aiutato e mi aiutano ogni giorno ad essere più consapevole e felice, e voglio fare lo stesso per qualcun altro.

E il motivo per cui faccio tutto questo alle cinque del mattino è uno solo: è l'unico momento della giornata in cui ho tempo per farlo.

Ho un lavoro a tempo pieno che mi piace molto e una famiglia stupenda con due bimbi piccoli con cui voglio passare il resto della giornata quando ho finito di lavorare, per cui l'unico momento libero che ho è al mattino presto.

Ma non mi pesa, perché ogni giorno sono felice di farlo, perché mi sento fortunato e perché voglio condividere un po' della fortuna che ho.

Per questo riesco a essere costante, ogni giorno. Perché non ho paura di fallire, perché non posso fallire.

Se anche questo libro verrà letto da poche persone, sono comunque felice di scriverlo, in questo momento.

Se anche i video che pubblico ogni giorno non raggiungono un gran pubblico, per me non è un problema.

Faccio del mio meglio e sono comunque felice e grato che qualcuno, anche solo una persona, vedendoli riesca a stare meglio.

Tutto questo sarebbe stato impossibile per me anni fa, quando vedevo ogni progetto e ogni obiettivo come l'unico significato di quello che facevo, come una misura delle mie capacità e del mio lavoro.

Perché quando l'unica cosa a motivarti sono i tuoi obiettivi, è veramente difficile rimanere costante quando le cose vanno male, ed è normale che durante un qualunque progetto ci siano momenti difficili.

Per cui eccomi qui, a scrivere un libro alle cinque del mattino, con la gioia di poterlo fare, frase per frase, parola per parola, lettera per lettera.

9.

Forse quello che ho scritto fin qui ti sembrerà di averlo già sentito.

Probabilmente hai ragione.

Non ho certo inventato io la meditazione e la mindfulness.

Ho voluto però raccontarti il mio punto di vista perché quello sì credo che sia unico, come quello in fondo di chiunque altro. Spero, anzi credo, che possa aiutare qualcun altro ad intraprendere una strada di consapevolezza, libertà e felicità.

Trovo sia giusto però a questo punto raccontarti anche da dove arrivano tanti dei concetti che ti ho presentato in queste pagine.

Tieni a mente che non sono un esperto di storia della meditazione per cui, di nuovo, tutto quello che posso raccontarti è il mio personale punto di vista.

Per quello che ne so io, il primo a proporli fu Siddhartha Gautama, detto il Buddha, ovvero l'illuminato, circa 2500 anni fa.

Da allora tantissime altre persone ne hanno parlato, hanno vissuto e proposto gli stessi concetti, sia all'interno del contesto culturale che ne è derivato, il buddismo, sia all'esterno, in altri contesti.

Penso ad esempio a correnti filosofiche come lo stoicismo, ma anche a persone che in ambiti diversi sono state considerate sante in alcune religioni.

Immagino ti starai chiedendo, a questo punto, se tutto quello che hai letto in questo libro non sia altro che buddismo.

La verità è che io non lo so, perché dopo tanti anni ancora non ho capito esattamente cosa sia il buddismo ed è anche per questo motivo che preferisco non parlare di buddismo, perché non ho la preparazione necessaria e perché lascio ad altri farlo.

Ma ci sono altri due motivi, per me ancora più importanti, per cui preferisco non farlo.

Il primo è che il termine buddismo è solo un'etichetta e in quanto tale esiste solo nella nostra mente e in fondo non ha alcuna importanza.

Quello che per me sono davvero importanti sono i concetti stessi e la loro applicazione, non la tradizione degli stessi.

Per come la vedo io, lo stesso Buddha non era buddhista e io personalmente penso che non abbia mai insegnato a nessuno ad essere buddista, anzi, quanto piuttosto abbia insegnato ad essere buddha, ovvero ad esplorare e capire la realtà raggiungendo consapevolezza, libertà e felicità.

Per quello che ho capito io, nel suo insegnamento non è compresa alcuna verità rivelata, quanto piuttosto un invito a esplorare e capire.

Il secondo motivo per cui non parlo di buddhismo è che tiene lontane tante persone, perché è legato a un determinato contesto storico e poi perché è associato a infiniti pregiudizi religiosi.

Nella nostra cultura occidentale il buddismo è considerato una religione, ed in effetti in alcuni paesi e in alcune culture lo è, ma quel buddismo non ha nulla a che vedere con quello che ho scritto finora.

Quello che ho cercato di trasmettere in queste pagine è una riflessione su noi stessi, sull'essere umano, su come funziona la nostra mente e su come viene generato il mondo che noi consideriamo reale.

Si tratta di una riflessione razionale, di un'esperienza empirica.

Non c'è assolutamente nulla in cui credere, non c'è nessun salto di fede da fare.

Ma effettivamente è anche qualcosa di più, altrimenti potremmo semplicemente chiamarla filosofia.

Quel qualcosa di più sono le conseguenze di questa riflessione. Questa presa di coscienza non si esaurisce nella consapevolezza, nella riflessione razionale, ma è il motore fondamentale di un cambiamento per migliorare, con impegno e allenamento, la tua vita, per trovare pace, serenità e felicità, per godere degli infiniti regali che essere al mondo ti offre.

In quest'ottica questa riflessione smette di essere pura speculazione filosofica e si avvicina forse di più a quello che oggi in occidente chiamiamo psicologia.

La verità è che, di nuovo, si tratta di etichette, di parole vuote cui spesso ci appoggiamo per riuscire a catalogare e rinchiudere in cassetti la realtà che normalmente sfugge alle nostre classificazioni.

Per cui parlare di buddismo è un'arma a doppio taglio, perché è un termine che da un lato può suscitare fascinazione in alcuni ma dall'altro allontana tantissime persone dall'ascoltare proprio quei concetti che Gautama Siddhartha, detto il Buddha, propose circa 2500 anni fa.

Perché il termine buddismo sposta implicitamente il focus dai concetti alla persona che li propose.

Ma quello che conta davvero è quello che puoi scoprire se ti fermi ad osservarti sufficientemente a lungo.

Nient'altro. Non serve seguire precetti o ascoltare spiegazioni, perché quei precetti e quelle spiegazioni sono la semplice conseguenza dell'osservazione.

Questo ovviamente non vuol dire che non sia importante ascoltare, leggere e magari seguire la guida di qualcuno più esperto e che è già giunto a determinate considerazioni, ma vuol dire che il ruolo di quella persona è semplicemente di aiutarti ad arrivare da sola, o da solo, a quelle considerazioni.

Per spiegarlo meglio voglio raccontarti la mia esperienza personale.

Come ti dicevo la mia avventura nella meditazione è nata un po' per caso ed è cominciata con una applicazione sul cellulare.

Ho trovato la pratica molto interessante e ho iniziato a dedicarci ogni giorno sempre più tempo.

Fin da subito mi sono accorto dell'incredibile difficoltà a liberarmi dal controllo della mia mente, a riprendere in mano il timone della mia attenzione e mi sono quindi concentrato a lungo su una tecnica meditativa in realtà molto semplice, basata sull'osservazione del respiro e delle sensazioni fisiche, per poi allargare il campo anche alle emozioni ed ai pensieri.

Per tanto tempo non ho approfondito il contesto di quello che stavo facendo.

Non ho letto libri sul buddismo, né libri di psicologia.

Ho semplicemente meditato, mi sono osservato a lungo. Ho osservato cosa succedeva nella mia mente e nelle mie emozioni in ogni momento della giornata, in ogni attività che facevo, in ogni situazione piacevole ed in ogni situazione più difficile e dolorosa.

E' stato per me un periodo di studio e comprensione bellissimo, cui ho avuto la fortuna di potermi dedicare completamente, complice anche il fatto che stavo attraversando un periodo della mia vita in cui vivevo da solo e in cui potevo dedicarmi completamente a me stesso.

Solo dopo ho deciso di approfondire anche intellettualmente quello che avevo scoperto osservando me stesso e mi sono incuriosito al buddismo e alla psicologia positiva, leggendo libri e frequentando corsi.

Quello che ho scoperto è stato per me sorprendente.

Mi sono accorto che stavo leggendo nei libri concetti cui già ero arrivato da solo autonomamente osservando me stesso.

Indubbiamente ho trovato tantissimi stimoli interessanti e utili e magari spiegati meglio di come me li ero spiegati io, ma nulla mi era nuovo.

Per questo sono convinto che non servano tanti precetti, regole, spiegazioni, quanto piuttosto la pratica di consapevolezza e amore.

Tutto il resto è semplice conseguenza.

Non hai bisogno di qualcuno che ti spieghi che non devi mentire.

Se ti osservi attentamente ti accorgi da sola o da solo che ogni bugia è una ferita che provochi a te stesso o a te stessa, così come qualunque azione che possa fare del male ad altri esseri viventi.

Non hai bisogno di imparare che esiste la sofferenza, che è dovuta alla non accettazione della realtà e che quando accetti la realtà per quello che è, la sofferenza scompare.

Non ne hai bisogno, semplicemente perché lo sperimenti più e più volte ogni giorno e una volta che te ne accorgi e lo vedi accadere, ne prendi semplicemente coscienza.

Non hai bisogno che qualcuno ti dica di non abbandonarti a facili distrazioni, al cibo, all'alcool, alle serie televisive, ai social network, per mettere a tacere quella sofferenza, perché non farai altro che aumentarla.

Non ne hai bisogno perché se ti osservi attentamente quando lo fai, te ne accorgi tu stessa o tu stesso.

Con questo non voglio negare l'importanza della tradizione, cui sono infinitamente grato, né di una guida o di una comunità, elementi spesso fondamentali per percorrere questo cammino di consapevolezza, ma il passo che credo sia fondamentale fare oggi sia di liberare questi concetti dal contesto culturale e religioso cui normalmente sono legati.

Questo perché credo siano concetti generali ed assoluti, penso che valgano per qualunque essere umano e credo che possano trovare posto in qualunque contesto culturale.

Ovunque nel mondo vedo esseri umani che soffrono e che per questo fanno del male ad altri esseri umani, ad altri esseri viventi, fino a distruggere questo pianeta e la vita che lo abita.

Sono fermamente convinto che questi esseri umani potrebbero trovare pace, serenità e felicità se solo scoprissero che tutto quello che devono fare è prendere coscienza, osservarsi e allenarsi ad essere consapevoli.

Per farlo credo occorra presentare questi concetti e la pratica meditativa per quello che sono, uno strumento di consapevolezza e una pratica, un allenamento per la felicità.

Sogno il giorno in cui sarà considerato normale allenare la propria mente, il proprio cervello, il proprio equilibrio mentale e la propria felicità, così come oggi è considerato normale fare sport.

E so che non sono l'unico a farlo: già da decenni in occidente, come ho già spiegato, migliaia di persone hanno dedicato la loro vita a portare questi concetti nella nostra cultura.

Ma io voglio contribuire a farlo.

Oggi si parla sempre di più di meditazione e mindfulness, ed è sicuramente un ottimo inizio.

Quello che però credo ancora spesso manchi è il passo successivo, ed è un passo fondamentale.

Come ho scritto, la mindfulness è uno strumento di comprensione della realtà, non l'obiettivo della pratica, come invece normalmente oggi viene presentata.

E quando anche si parla di comprensione più profonda del mondo e di noi stessi, se ne parla in termini normalmente religiosi o poco razionali.

Questo crea una grande confusione e allontana tantissime persone dal cercare di capire.

Come ho già accennato, esiste ad esempio un termine molto usato in questo ambito, che trovo sia profondamente fuorviante: spiritualità.

Ma che cos'è la spiritualità?

Più precisamente, che cos'è lo spirito?

Credo che il concetto sia profondamente legato alla nostra storia e alla nostra cultura, tanto che lo diamo per scontato senza rifletterci.

Diamo per scontato che esista uno spirito diviso dal nostro corpo, diamo per scontato che sia un ambito separato dalla razionalità della nostra mente, diamo per scontate un sacco di cose.

Per cui alla fine la spiritualità diventa una scelta di andare oltre, un salto nel vuoto abbandonando la razionalità e la nostra mente, in alcuni casi anche il nostro corpo.

Ma non è necessariamente così e meditare non vuol dire essere spirituali, anche perché è impossibile esserlo.

"Spirituale" è, di nuovo, un'etichetta, un concetto che esiste solo nella mente di chi lo pensa.

Ma anche giungere a conseguenze contrarie al pensare comune non vuol dire essere spirituale.

Dire ad esempio che la morte è un'illusione della mente non è spiritualità, né è negazione della razionalità.

Anzi è un'affermazione profondamente razionale. Rendersi conto dei limiti e dei meccanismi mentali della nostra mente è la cosa più razionale che ci sia.

Rendersi conto che la distinzione tra due atomi, di cui uno faccia parte di quello che chiamiamo io e l'altro di tutto il resto, esiste solo nella nostra mente e non nella realtà, non è un'affermazione spirituale, è un'affermazione razionale.

Rendersi conto che il tempo non esiste ed è un'illusione della mente non è spiritualità, è scienza.

Ma cosa c'è di male ad usare il termine spirituale?

Come ho scritto qualche pagina fa, il problema è che quando si parla di spiritualità come alternativa alla ragione, si finisce col mettere insieme mille concetti diversi, per cui spesso la pratica meditativa viene associata ad aspetti religiosi che non hanno nulla a che vedere e che tengono lontani chi crede nella forza della scienza e nella ragione.

Concetti come la reincarnazione, i viaggi astrali, la legge di attrazione, le esperienze extracorporee non hanno nulla a che vedere con la meditazione e con la consapevolezza.

Non che ne vengano negati, ma semplicemente non c'entrano nulla.

Così come la venerazione di un qualunque essere umano non ha nulla a che vedere con la pratica.

La pratica ha a che fare semplicemente con la capacità di essere presente qui ed ora, di vivere nel presente, di riconoscere le tue emozioni ed i tuoi pensieri per quello che sono, di riuscire a vedere la bellezza dei fiori che sbocciano, del sole che sorge, nel riuscire a vedere che sei parte di qualcosa di infinitamente più grande di quello che sei abituata o abituato a considerare te stessa o te stesso.

Nell'imparare a guardare con amore le tue emozioni, le tue paure, la tua rabbia, nell'imparare a lasciarle andare e a non farti controllare da esse, nel renderti conto che sei parte del tutto, che cambia costantemente, e nel vedere quel tutto anche in chi hai di fronte, nel riconoscere le sue azione come conseguenza delle sue emozioni.

I risultati della pratica sono tra l'altro stati ampiamente dimostrati negli ultimi decenni a livello scientifico, anche se molto ancora resta da scoprire.

Sono tante infatti le università del mondo che hanno portato avanti e portano avanti ogni giorno studi scientifici che analizzano le conseguenze della pratica meditativa, sia in termini di modifiche comportamentali, sia fisiche.

Solo per citarne alcuni, è stato ampiamente dimostrato la pratica meditativa riduce sensibilmente il livello di attivazione dell'amigdala, fino al 50%, non solo durante la pratica stessa, ma anche durante il resto della giornata, il che si traduce in una minora reattività e una maggiore capacità di gestione dello stress.

E' stato dimostrato che la pratica di meditazione sulla compassione e sull'amore aumenta la capacità di empatia, ovvero la capacità di percepire la sofferenza altrui.

Ma a differenza di quanto potresti pensare, questa maggiore capacità non si traduce in maggiore sofferenza per chi medita. Al contrario, è stato scoperto che vengono invece attivate le aree del cervello che si attivano quando un genitore pensa con amore al proprio figlio.

La pratica porta quindi ad aumentare la capacità di percepire la sofferenza altrui e al contempo a provare amore e tenerezza, invece che dolore.

E' stato dimostrato che la pratica di meditazione mindfulness aumenta sensibilmente la capacità di concentrazione e di memorizzazione, migliorando ad esempio i risultati scolastici medi.

E' stato dimostrato che la meditazione riduce il livello di infiammazione generale, che in alcuni casi può aiutare a diminuire l'entità di depressione, ansia, e dolore fisico.

Infine, è stato dimostrato che la pratica rallenta l'invecchiamento del cervello.

Questi sono solo alcuni esempi e molto resta ancora da scoprire e validare, non c'è alcun dubbio a livello scientifico che i vantaggi siano tantissimi e rilevanti per il benessere di ciascuno di noi.

E se c'è una cosa che ho imparato osservando me stesso, è che il benessere e la felicità di ciascuno di noi sono l'unica chiave e speranza per un mondo migliore.

Ho visto tante volte la mia mente generare pensieri e impulsi aggressivi verso altri esseri viventi, ed ogni volta che è successo ho trovato dietro a quei pensieri e a quegli impulsi nient'altro che rabbia, e dietro quella rabbia nient'altro che paura e sofferenza.

Ho visto anche tante volte la mia mente generare invece pensieri e impulsi di amore verso altri esseri viventi, e dietro ciascuno di essi altro non c'era che amore per me, per la vita e gratitudine per quello che avevo.

Ecco, credo che questo in fondo sia il motivo per cui ho scritto questo libro.

Sono profondamente convinto che se tutti imparassimo ad essere razionali fino in fondo, ad essere consapevoli e presenti, ad essere liberi dalle nostre paure, dalla nostra rabbia, dai nostri rimpianti, il mondo sarebbe un posto infinitamente migliore in cui vivere; un mondo fatto di comprensione, rispetto, gentilezza e amore.

Printed in Dunstable, United Kingdom